大野萌子—著
MINORI YAMASAKI—繪 林冠汾—譯

よけいなひと言をわかりあえるセリフに変える親子のための言いかえ図鑑

# 親子關係，從改變說話方式開始

親職必修關鍵句

8種常見的教養難題
92個減少衝突的實用句型

# 前言

## 「父母的一句話」可能化為心靈的支撐力量，也可能成為束縛

「一路走來，爸媽老是說我沒用。」

「我爸媽凡事都愛干涉，我都沒辦法做自己想做的事。」

「我一直很反感不管什麼事，都會被拿來與兄弟姊妹做比較。」

「從小我就一直被要求：『你是老大，要做一個好榜樣！』我真的覺得很痛苦。」

二十多年來，我以產業諮詢師、心理師的身分，接觸過無數社會人士。每次遇到因為人際關係而苦惱，或是人生過得不順遂的諮詢對象時，都會感受到這些對象當中，許多人背後藏有根深蒂固的「親子關係問題」。

另一方面，人際關係能夠互相信賴、擁有自信的人，多是從小在父母充分給予自我肯定下教育長大的，即使遇到難題也具備努力克服的「強韌度」。

人的一生，親子溝通是最先展開的人際關係。這部分不僅會影響人格的形成，也會對長大後與他人相處的方式造成甚大影響。因為人際關係的基本模式，即是確立於親子關係之中。

不論好壞，即使已經離家自立門戶、或是結婚並為人父母，從幼小時期建立的親子關係，還是會一直影響孩子的人生。

由此可知，在育兒時，父母的發言以及相處方式有多麼重要。正因為如此，親子關係的問題才會那麼地棘手，在我站上第一線提供諮詢服務時，對於這部分有著深刻的感受。

## 為什麼親子之間容易形成「掌控關係」？

為什麼在人際關係中，親子關係是特別難應付的關係呢？

我認為主要原因在於親子關係容易變成「掌控關係」，做父母的總是不自覺地想要控制子女。

孩子呱呱墜地時，一切都無法自主，而父母的職責在於哺育，安撫襁褓中的孩子入睡。

孩子出生後，父母必須每天早中晚持續照料孩子的食衣住行，導致不少父母會產生子女是自己的「所有物」的想法。

當孩子逐漸長大，父母付出越多，有時會想要藉由育兒來實現自己沒能做到的事，而要求子女接受其理想以及期望。這時如果子女未能如願實現，父母就會對孩子說出譴責、否定的話語，或是口出惡言、痛罵孩子一頓。

當中也會有產生依賴性的父母，試圖靠孩子來填補自己未能得到滿足的心靈。具依賴性的父母，內心與孩子融為一體，經常會以一句「我是為你好」來干涉孩子的所有行為，即使孩子已經進入青春期，甚至已經成年，也會試圖束縛孩子。

此外，在面對他人時，分明也懂得展現體貼，但是對象變成家人時，卻會做出任性表現，或肆無忌憚地說出傷人話語。

很多案例之所以會引發各種問題，其原因只有一個，也就是親子關係不是想要斷絕就能輕易斷絕的關係。畢竟對孩子而言，父母是世上獨一無二的「絕對存在」。

## 只要父母改變，子女一定也會改變

我相信拿起這本書閱讀的朋友，心中都期望自己深愛的子女能夠獲得幸福。如果真心希望子女獲得幸福，不論孩子是否還年幼，或遇到任何情況，都應該把孩子視為獨立的個體，抱持「尊重」的態度與孩子相處。

認同孩子是具有與自己不同人格的獨立個體，好好傾聽孩子的意見，展現不帶附加條件的親情，並且接納孩子原有的樣貌。如果父母施行這樣的教養原則，孩子長大之後，自然也會懂得尊重他人，未來也能夠與他人建立良好的人際關係。

人活在世上，絕對不可能一個人生存。人生的幸福取決於能否擁有美好的人際關係，而人格的形成會成為建立人際關係的基礎，如果說人格的形成有九成是來自於親子關係，真的一點也不為過。

聽了這樣的話，或許有些父母會倍感壓力，但沒有人是完美的。**為人父母者，只要也跟著子女一起成長就好了。假設子女現在一歲大，父母也同樣只有一歲大。**

只要父母改變，子女一定也會改變。不論親子關係處於什麼樣的狀態、不論時間點是早或晚，我相信只要父母願意改變，就能夠改善親子關係。

## 永遠願意敞開雙手接納自己、令人安心的避風港

我在拙作《這樣說話，讓你更得人疼》（平安文化）以及《改變職場人際關係的換句話說圖鑑》（暫譯），一再強調改變說法，把「無益發言」換成「中聽發言」的重要性。

雖然沒有深入說明，但在這兩本書裡面，我也經常提到平常總愛說「負面話語」的人當中，有不少人在探究原因後，會發現起因多是來自「親子關係問題」。

因此，在寫作這本書時，我搜集了許多對親子關係造成不良影響的「多餘無益的發言」，建議如何換成**加深信賴關係的「增進彼此理解的發言」**的例子。

本書除了以幼兒到中小學生、成年人等廣泛世代的「子女」為對象，整理出如何換句話說的實例，也提醒大家對於「父母」做出的發言，也可以試著換句話說。希望藉由閱讀本書可促使讀者朋友重新審視與子女的親子關係，以及審視自己與父母的親子關係，身為作者的我將感到無比欣慰。

回想起來，我在與子女相處時，總會提醒自己要好好聆聽、接受，並信任子女的發言。

如今，我的子女都已經長大成人，也找到自己想做的事，在各自的人生路上前進。雖然子女成年之後，生活在與我不同的世界，但也多虧子女的存在，我的人生才得以更加多采多姿。

育兒方式沒有誰對誰錯。換句話說，也並非只限一種說法。

父母只需要成為可以讓子女安心的避風港就足夠了。當子女遇到困難或有煩惱時，這個避風港永遠都會願意敞開雙手接納子女。

為了保有良好的親子關係，父母自身也必須過得從容自立。我衷心盼望大家可以稍微放鬆緊繃的情緒，好好享受無比珍貴的家庭時光。

但願本書可為大家帶來啟發，建立更深厚的親子關係。

大野萌子

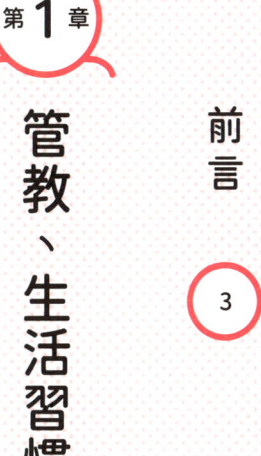

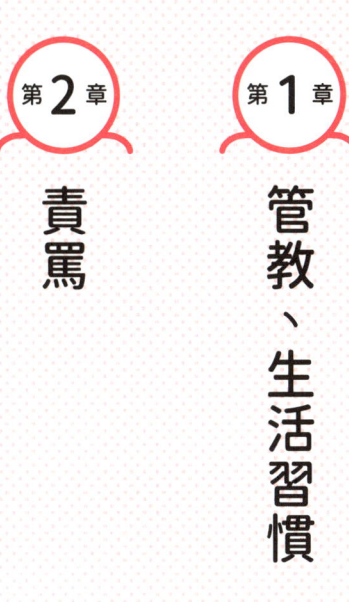

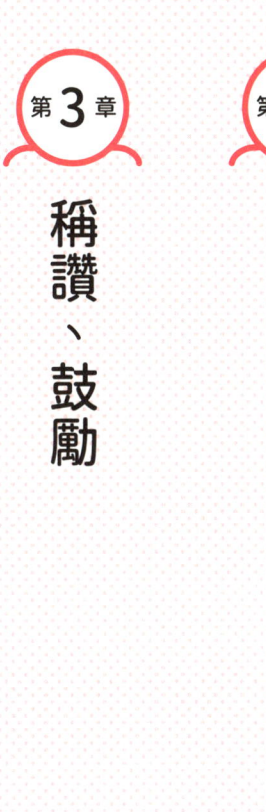

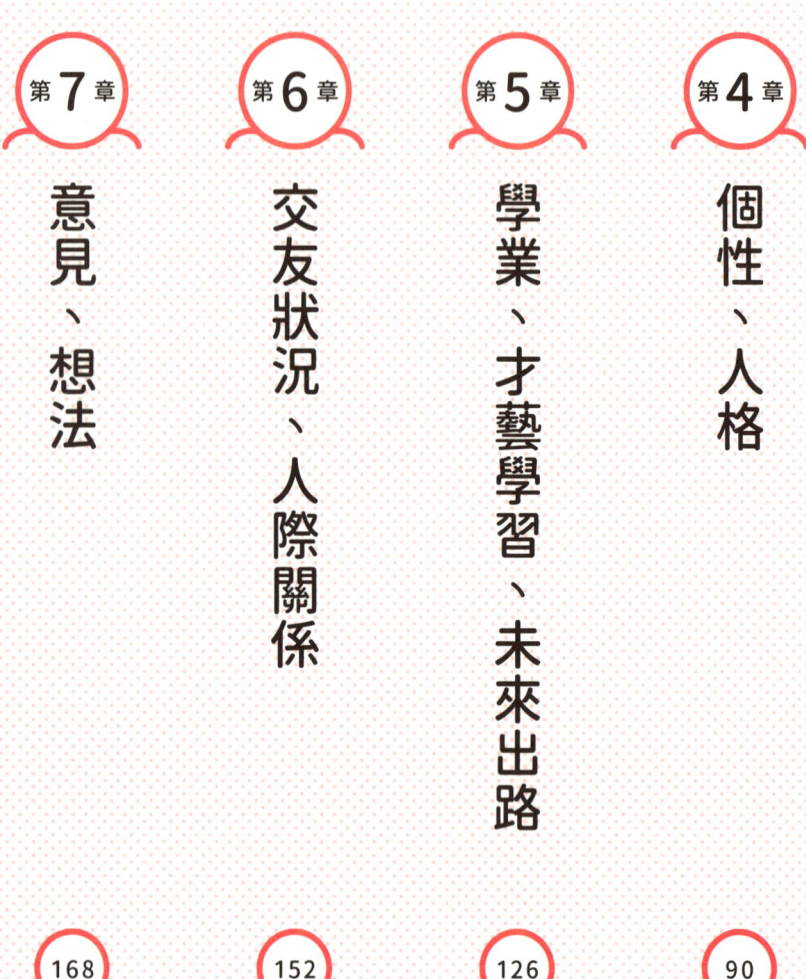

# 第1章 管教、生活習慣

想要讓孩子培養出良好的禮貌舉止、生活習慣時，重點在於「有原則」。一旦沒有原則，就會欠缺說服力，也會降低信賴度。「爸媽心情好的時候就沒事，心情不好的時候就會挨罵。」如果父母總是依當下的情緒而表現出不同態度，千萬別以為孩子不會發現。

「明明上次可以，為什麼今天不行？」有些孩子可能還會像這樣出聲反駁。就算孩子沒有出聲反駁，如果為人父母的一方會因為心情好壞而做出不同發言，也會對親子間的信賴關係造成不良影響。即使有些父母原本只是出於管教之心，最後卻會越演越烈地口出惡言。孩子的心靈若因為言語暴力而受創，也會對自己失去信心。

當你感覺到自己「快要情緒失控」時，建議先暫時離開現場，讓自己冷靜下來。如果你是因為自己工作忙了一整天，所以心情煩躁的話，不妨也老實告訴孩子，並把管教時間往後延。為人父母者並非完人，不妨設法讓自己擁有獨處的時間，等心情恢復平靜後，再來秉持原則管教孩子。

快一點！沒時間了！
手忙
腳亂
快點、快點！
吼～～動作快！
嗚～～
每天早上都搞得我手忙腳亂。
總算出門了
早安！
老師早～
我懂～
遇到這種狀況的好方法！
來換衣服吧！
我們來扣扣看襯衫的鈕扣♫
只要清楚告訴孩子該做什麼，他們都會活力十足地執行喔！
真的啊！

狀況

1

◎ 增進彼此理解的發言

來換衣服吧！

←

快一點！

× 多餘無益的發言

「曖昧不明」的指令會讓孩子難以理解，
要說出「具體內容」，並陪著孩子一起動作。

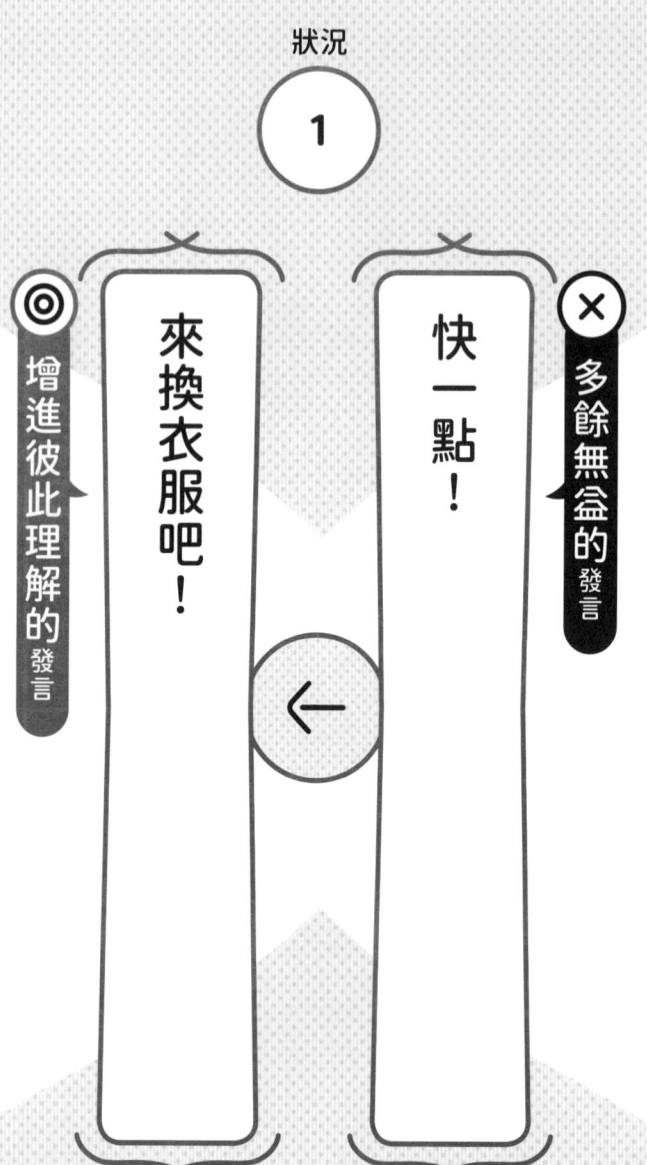

**對於「時間」，孩子的在意程度遠不如大人。**因此，即使被要求「快一點」、「動作快」，孩子也不懂得該如何快一點？什麼動作要快一點？「來換衣服吧！」、「來穿鞋子吧！」、「來扣扣看襯衫的鈕扣吧！」為了有助於孩子理解，建議像這樣用「**來做……吧！**」的說法，以言語說出「具體行動」。**小學低年級前的孩子還有很多事情無法獨力完成，建議家長不妨協助孩子一起完成。**

除了「快一點」之外，「不要胡鬧」、「不要拖拖拉拉」也是曖昧不明的發言。父母總以為只要這麼說，孩子就能夠理解，但「胡鬧」、「拖拖拉拉」這類字眼屬於只有發言者本人才知道具體畫面的「感覺用語」。因此，孩子聽了之後只會感到困惑，容易因為不知道該怎麼做才好而產生不安情緒，最後變得不論做什麼都會先觀察父母的臉色，並等待父母發號施令。

即便乖乖等待父母發號施令，等到的卻是內容含糊不明的「指令」或「要求」，漸漸地，孩子會開始覺得無所謂而不再自己思考。有些孩子甚至可能產生「反正不管我做什麼都會挨罵」的心態，導致做事容易放棄或索性為所欲為。

即便是親子，也不可能「心心相印」。每天都生活在一起，容易產生「不用說出口，孩子也會明白我的意思」、「只要簡單說一句，孩子就聽得懂意思」的想法，但這一切都是「假想」。何況**孩子還沒有累積太多經驗值，所以父母更應該以具體的字眼來告訴孩子，希望他如何行動。**

狀況

2

◎ 增進彼此理解的發言

你覺得自己哪裡做錯了？

←

✕ 多餘無益的發言

快說對不起！

讓孩子思考不能做出該行爲的「原因」，
不需要強迫孩子反省。

當孩子做錯事或有不當行為時，就是孩子的「成長機會」。這時不妨讓孩子思考自己做錯了什麼？為什麼不能這麼做？透過讓孩子深入思考「原因」，進而達到學習效果。

如果光是要求孩子道歉，有些個性不服輸的孩子會在無法接受的情況下，學會「只要道歉就沒事」的方式。相反地，如果是個性溫順嚴謹的孩子，光是要求他道歉的舉動，可能會導致孩子認為「一切都是我害的」。若孩子抱著這樣的思維長大，未來在面對他人不合理的態度時，也只會默默承受。

因此，**應該先丟出問句讓本人去思考自己哪裡做錯**，等孩子可以接受事實後，再要求道歉。**如果孩子表現出想要辯解的態度，也一定要聆聽孩子怎麼說**。

假設孩子的不當行為是說朋友的壞話時，有些父母會以「如果換成是你被說同樣的壞話，你也會不開心吧？」的說法，讓孩子學習以對方的角度來思考。不過，對小學低年級前的孩子來說，想要學會掌握他人心情還是一件難事。與其要求孩子學習掌握他人的心情，不如先聆聽孩子認為自己的發言、行為哪裡失當，在掌握孩子的看法後，若發現有誤，再予以糾正即可。

此外，強迫孩子反省的舉動也是一種「控制欲」的表現。對於習慣控制對方的人來說，子女是最容易使其服從的對象。請小心不要讓自己的「控制欲」變本加厲，容易導致親子關係變成主僕關係，有時還可能釀成虐待事件。

狀況 3



✕ 多餘無益的發言

不要做一些莫名其妙的事！

←

◎ 增進彼此理解的發言

你想做什麼？

聆聽孩子的「意圖」，
以免扼殺孩子的「好奇心」。

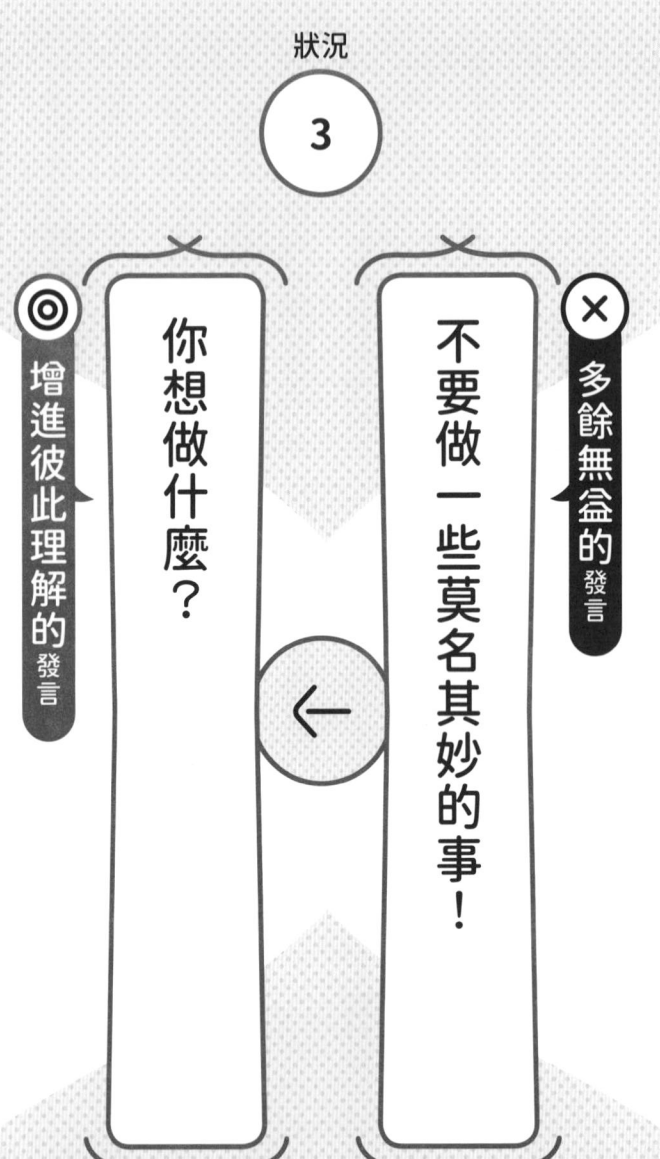

孩子擁有旺盛的好奇心，他們會不以為意地做出讓大人嚇一大跳的舉動。如果這個舉動伴隨危險性，就必須立刻予以制止。如果沒有伴隨危險性，不妨詢問孩子到底想做什麼，試著掌握「本人的意圖」。這麼做不僅可以**讓孩子練習如何傳達自己的想法、觀點，孩子也會因為「父母願意聽我的想法」而得到自我肯定**。

如果只是單方面地否定孩子的舉動，或強壓灌輸父母的想法，孩子會覺得自己不被認同，而使得「自我肯定感」降低。在不被人認同且無法擁有自信之下，孩子會變得不愛提出主張，最後演變成只會在背地裡攻擊他人。出社會後引起職權騷擾問題的人當中，很多都是屬於這類型的孩子。

重要的是，必須**讓孩子也有「發表主張的機會」。「你想做什麼？」、「你想怎麼做？」**像這樣詢問本人的意圖後，只要是不會發生危險的事情，不妨就讓孩子去嘗試，也可藉此累積經驗。舉例來說，看見孩子左右腳穿著不同的襪子時，父母往往會認為孩子穿錯襪子。不過，說不定孩子其實是在享受不協調搭配的樂趣呢！

建議先等孩子換好襪子，千萬不要急著否定本人的意圖，而是以「左右腳穿一樣的襪子比較好看耶」等正面說法來誘導孩子會更加有效。請不要以「不要做一些莫名其妙的事！」這類說法來否定孩子，避免扼殺寶貴的好奇心和創意。

狀況

4



× 多餘無益的發言

不是跟你說過乖乖等一下嗎？

←

◎ 增進彼此理解的發言

我忙著○○的時候，請你乖乖等一下喔！

單方面的指示、命令會讓人感到不安、不悅，
以具體的字眼，告知容易掌握的大致範圍。

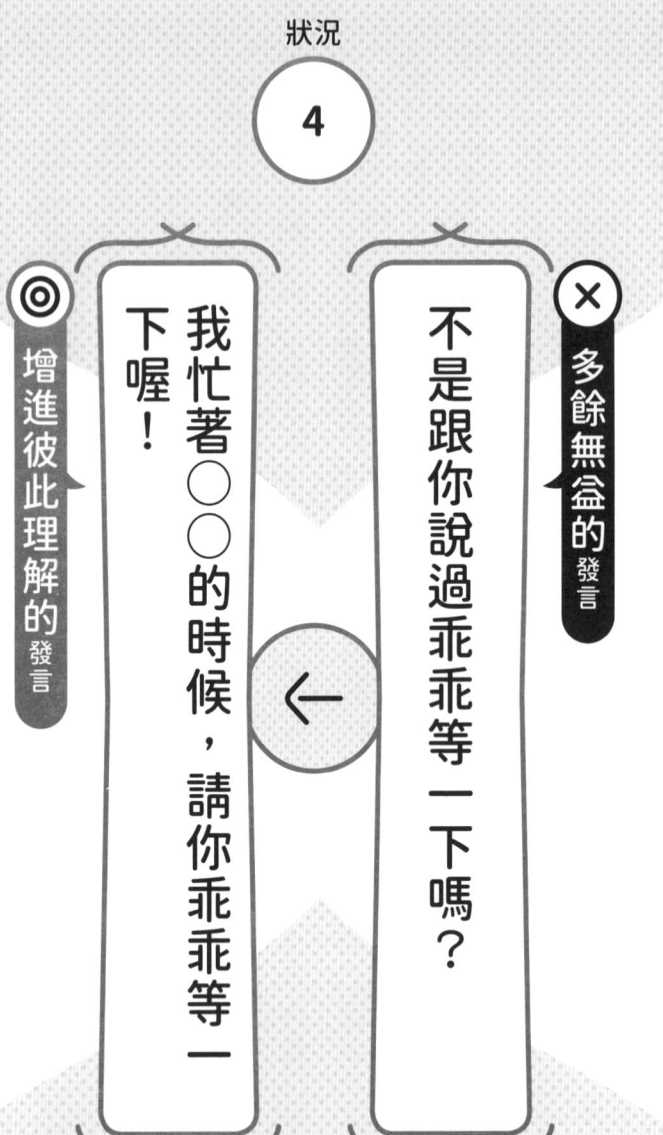

**孩子不見得聽一次就能夠理解父母說的話。**如果是幼兒，就更不用說了，有時可能說再多遍，孩子還是聽不懂。遇到這種狀況時，當然有必要反覆說給孩子聽，但如果**有「具體的大致範圍」，孩子就會比較懂得拿捏分寸。**

舉例來說，希望孩子乖乖等待時，如果只是告訴孩子「等一下！」、「乖乖待著！」之類的話語，孩子會不知道該等到什麼時候才好，反而會忍不住一次又一次地跑來確認：「好了嗎？」

**「我忙著煮飯的時候，請你乖乖等一下喔！」**相較之下，如果這麼告訴孩子，孩子就會知道「我只要等到大人煮完飯就好」而安下心。如果孩子已到了看得懂時鐘的年紀，也可以採用「差不多還要五分鐘才會完成，等一下喔！」的說法或使用計時器，告知大致的等待時間。

如果老是以「含糊字眼」指示或命令孩子，會使得孩子產生不安且不悅的情緒，最後養成「左耳進、右耳出」的消極態度。嚴重一點的話，還可能導致孩子失去與人溝通的能力。當孩子陷入自己無力改變的困境或痛苦之中時，就會啟動「防禦機制（壓抑、逃避）」，而不願意面對現實世界。

不論任何事，只要具體說個一百遍，孩子自然就能做到大部分的要求。如果希望孩子在煮飯時間可以等待二十分鐘，只要持續每天說一遍，相信過了三個月後，什麼都不用說，孩子也會自動乖乖等待。開始時**請多一點耐心，不厭其煩地持續說給孩子聽。**

狀況

5



多餘無益的發言

爲什麼你就是學不會？

↓

增進彼此理解的發言

你覺得要怎麼做才學得會呢？

不要責怪孩子「學不會」，

主動攀談並一起討論該怎麼做才「學得會」。

孩子都是在成長過程中，慢慢學會各種不同事物。孩子做不到的事情，當然會比做得到的事情來得多。面對這樣的狀況，父母或許會責怪孩子說：「為什麼你就是學不會？」、「你怎麼會做不到？」不過，孩子其實有可能只是還不知道方法而已。

首先，可以問孩子：**「你覺得要怎麼做才學得會呢？」**、**「你覺得什麼地方很難？」**若得知孩子有搞不懂或覺得困難的地方，就請耐心指導孩子該怎麼做，直到孩子學會為止。

有時孩子其實已經知道該怎麼做，卻不願意去做。舉例來說，明明已經告訴過孩子「必須遵守約定」，孩子卻不遵守約定。遇到這種狀況時，父母有必要糾正孩子，但還是不要以「為什麼你沒有遵守約定？」的「否定句」來質問發生過的事，而是**針對未來，以「你覺得以後要怎麼做，你才會遵守約定呢？」的「肯定說法」來詢問孩子**。

「為什麼你就是學不會？」這樣的問話方式帶有問題出在本人身上的意味，等於是在否定人格。請以「你覺得要怎麼做才學得會呢？」的問法，與孩子一起討論如何改善「行動」。

有些父母會提出對孩子而言，難度太高的要求，還會施壓說：「你什麼時候才能學會？」或是「我上次教過你，你又忘了啊！」然而，**對於孩子不可能獨力順利完成的事，父母需從旁協助指導，讓孩子以「小步伐」的節奏，做符合其能力的事情**，才是真正能夠促使孩子成長的做法。

狀況

6

✕ 多餘無益的發言

不要把自己的事情賴給別人！

←

◎ 增進彼此理解的發言

我們來想想看，有什麼方法可以讓你自己就能做到。

請父母當「陪跑者」，直到孩子學會爲止。

不追求完美，從容守護孩子的成長。

期望孩子早日學會打理自己的事。乍看之下，或許會覺得這個想法是為人父母理所當然的親情表現。然而，這其實也是一種想要控制孩子的「控制欲」，尤其在心情煩躁時，很容易說出這類話語。「不要說那麼多，自己做就對了！」、「拜託不要浪費媽媽（爸爸）的時間。」、「你要自己做，不然大人會很傷腦筋。」諸如此類的發言，屬於不讓孩子有機會發表意見的「請託」、「要求」。**突然冷漠地要求孩子自己做，容易讓孩子感受不到親情，甚至會陷入困惑。**有時孩子可能會自責做不到而陷入自我否定，也可能放棄努力而變得依賴。父母應該扮演陪跑者的角色，直到孩子學會自己該做的事情為止，這是育兒的基本原則。請父母在一旁給予協助，建議孩子「**想想看有什麼方法，可以讓自己就能做到？**」

話雖如此，但父母想必也會擔心不知道該陪著孩子一起做到什麼時候才好？遇到這種狀況時，不妨**透過與孩子一起討論，來決定父母應該協助什麼？協助到什麼時候？協助到什麼程度才好？**如果是學校的課業準備、習題等每天會有的常態活動，很多可透過具體的工具或方法，像是製作檢查表或進度表來管理或解決問題。

不限於孩子，大人也難以凡事做得盡善盡美。父母只要抱著「慢慢增加做得到的事項就好」的心態，配合孩子的成長，從容有耐心地守護孩子，自然就不會感到心情煩躁。

狀況

7

×
多餘無益的發言

趕快收一收！

←

◎
增進彼此理解的發言

一起來收拾書本和玩具吧！

陪孩子一起收拾玩具，培養「自主性」，
強調「內在動機」的重要。

只要教導孩子如何收拾管理物品或保持整齊，孩子就能夠馬上做到嗎？事情當然沒有那麼簡單。其實大人也一樣，大人也會有明明知道該去做，卻做不到的時候。

「趕快收一收！」、「好好做！」大人很容易做出這類發言，但「趕快」、「好好做」屬於感覺用語。**「一起把書本放回書架上、把玩具收到這個櫃子裡吧！」建議以明確的發言，陪著孩子一起收拾，並示範給孩子知道「什麼東西該收拾到什麼位置」**。這麼一來，孩子就會產生與父母間的團隊意識，也會變得有意願「想要嘗試看看自己能做到的事」。

現代盛行稱讚孩子的育兒方式，但孩子如果老是被稱讚，將會養成習慣以「被稱讚」為目的。此外，一旦習慣被稱讚，孩子會變得強烈渴望自己的所為得到認同。反過來說，如果沒有得到「你好棒」的稱讚話語，孩子便會失去自信。一旦缺少被人稱讚的「外在動機」，很快地，孩子也會失去想要自己做的動機。

相較之下，**只要具備孩子會主動想要自己做的「內在動機」，即便沒有人稱讚，孩子每次獲得成果時也會產生成就感**。「被稱讚而感到開心」是仰賴他人給予報酬。不過，如果是「因為自己的努力成果而感到開心」，那會是自己為自己帶來報酬，與他人一點關係也沒有。為了讓孩子以後可以在社會上自立自主，「內在動機」的重要性不容小覷。

狀況

8

✕ 多餘無益的發言

你這孩子怎麼會這麼邋遢！

←

◎ 增進彼此理解的發言

吃東西的時候好好保持清潔吧！

「否定人格」是一種心理虐待。

只需要糾正行動就好，不要讓孩子失去自我肯定感。

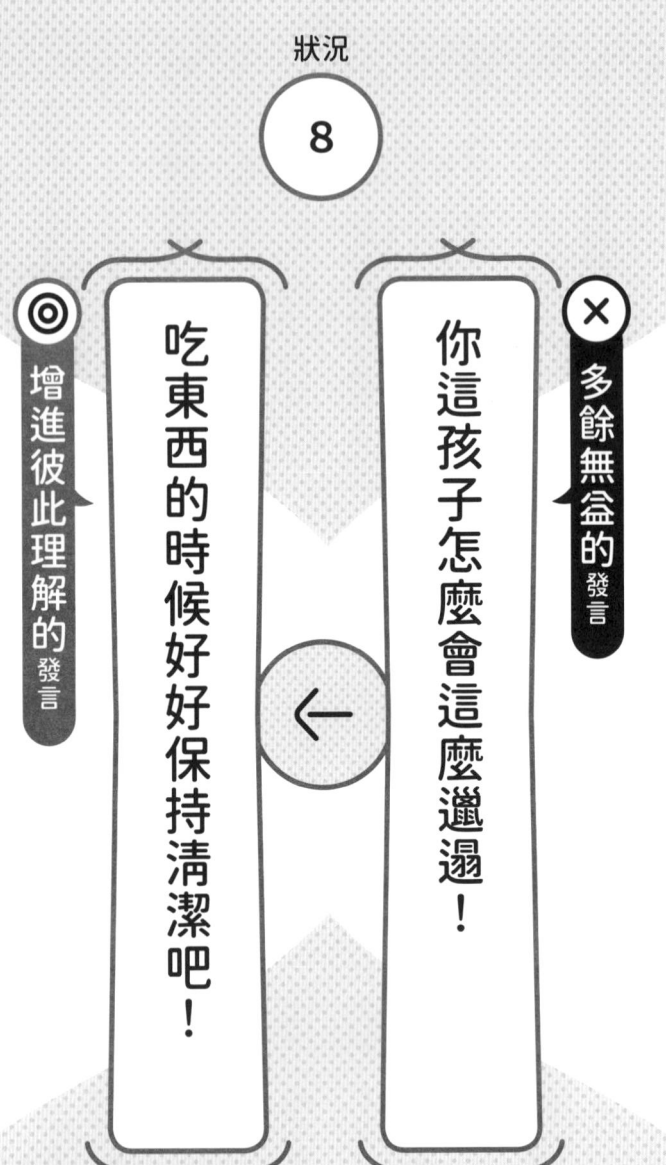

從父母的角度看來，覺得孩子表現不佳時，你是不是也曾經以「邋遢」的字眼貶低過孩子？包括用餐習慣和服裝儀容，以及生活態度到課業的學習方式。

除了「邋遢」之外，「隨便」、「壞孩子」、「遲鈍」、「沒水準」等字眼也都是帶有低估孩子意味的「否定人格」字眼。

針對「行動」提出「試著做〇〇看看好嗎？」的要求，或是限制孩子「不要做〇〇」並無大礙。不過，如果否定孩子的「人格」，孩子的自我肯定感便會降低，開始覺得自己很沒用。像是「你吃東西吃得到處都是，真是個邋遢小孩」的說法，就會變成否定孩子的人格。

人格遭到否定的孩子長大後，也會習慣否定他人的人格。原因是只要以否定對方的為人、性格、資質等方式，逼得對方無處可逃，就會產生自己處於優勢的心態。根據犯罪心理學的論點，比較「請不要說謊」的說法以及「請不要當一個騙子」的說法，後者更能發揮抑制效果。畢竟比起「行動」，人們會更在意「人格」的評價。

職場的職權騷擾案例，幾乎多是因為否定人格所導致。對孩子來說，否定人格也會是一種心理虐待，**請父母隨時提醒自己以「試著做〇〇看看好嗎？」的說法，僅針對「行動」要求孩子改善。**

狀況

9

✕ 多餘無益的發言

你乖乖聽話就對了！

←

◎ 增進彼此理解的發言

我覺得你這樣是不對的，你覺得該怎麼做比較好？

如果在孩子面前展現「權威」，孩子的反應會是畏縮，或是反抗。

傳達父母的「意圖」，並聆聽孩子的聲音。

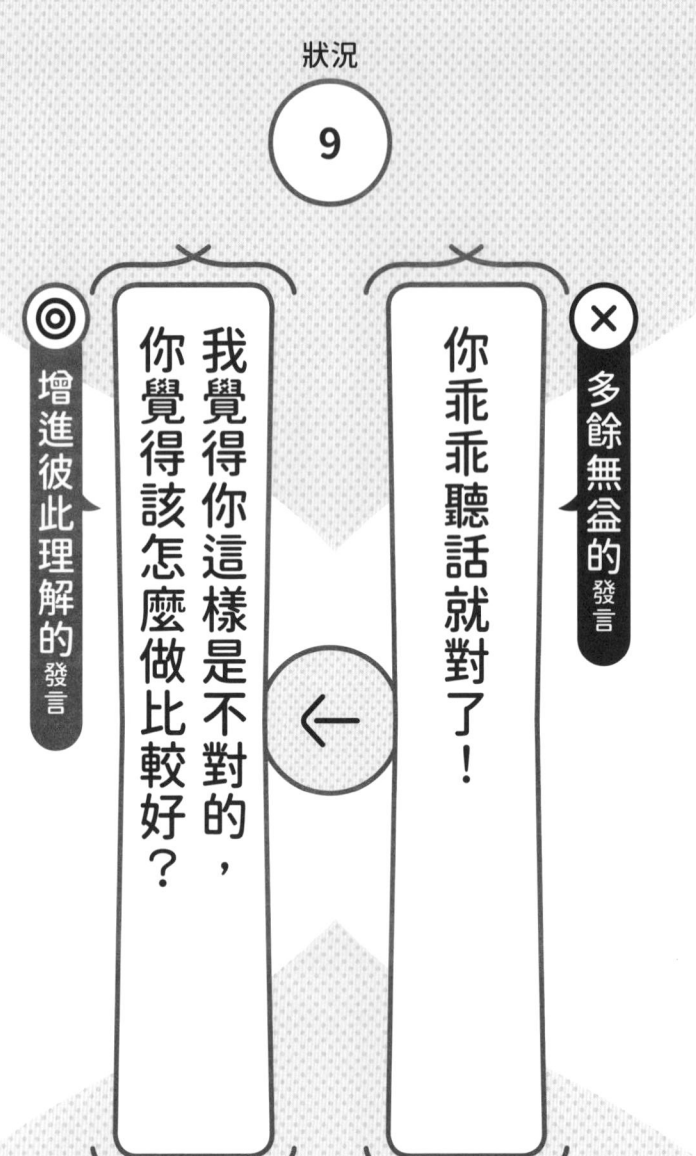

當孩子學會語言，變得能夠與大人對等交談時，孩子會開始向父母「頂嘴」，這樣的表現也是成長過程中的重要階段。所以，父母不分青紅皂白地便以一句「你乖乖聽話就對了！」來展現權威，施壓逼迫孩子接受的做法並不值得讚揚。「不准跟父母頂嘴！」、「你這是跟父母說話該有的態度嗎？」這類發言也同樣不值得讚揚。

以食衣住為基礎，處於養育階段的父母對子女握有百分之百的主導權。在這樣的狀況下，如果父母還展現支配者的高壓姿態來要求孩子服從，孩子可能會變得畏縮而不敢發表自己的意見，或是會隨著成長，漸漸產生強烈的反抗心。孩子也是人，他們是擁有人格、個性、情感的個體，並不是為了按照父母的期望而行動的機器人。

孩子其實也是鼓足了勇氣，才敢向父母頂嘴。即便害怕，還是**想要傳達自己的想法，孩子才會拚命地向父母反駁解釋**。雖然說孩子在成長過程中，很多時候還無法自行判斷事物的善惡，需要父母給予指示，不過，**接受孩子的意見也非常重要。**

**所謂的「接受」，並不等於孩子說什麼都「照單全收」。**如果有觀念錯誤的地方，就要進一步詢問孩子：「**我覺得你這樣說不對，你覺得該怎麼做比較好？**」藉此讓本人有機會思考。透過雙向溝通的過程，將有助於孩子心理上的發展。

狀況

10

多餘無益的發言

你一直吃甜食，小心牙齒蛀光！

←

增進彼此理解的發言

一天最多只能吃這麼多零食喔！

定下「規矩」，同時告訴孩子定規矩的理由。

定出細項規矩，可以有效改變習慣。

**在「沒有定規矩的狀況」下，很容易出現生活習慣不佳的問題。**不論小孩或大人，一旦少了規矩的束縛，都會忍不住為所欲為地做自己想做的事。話雖如此，也不能因為看到孩子習慣不好就說：「你一直吃甜食，小心牙齒蛀光！」、「你這樣吃個不停，小心變成大胖子！」除非本人有所警覺，否則這類威脅只會讓人感到不悅，也無法立即改善行為。

如果換成分享父母本身曾因為蛀牙而苦不堪言，或因為暴飲暴食而生病等「親身經驗」，或許孩子會更願意傾聽。若無「親身經驗」可分享時，也不要以「威脅話語來說服孩子」，建議「定下規矩來改善」才能發揮效果。舉例來說，以**「一天最多只能吃這麼多零食喔！」**的說法來定下規矩，就是不錯的做法。

為了保護孩子的人身安全而定下門禁或要求放學後直接回家等規矩時，不要只強調「盡快回家」，建議搭配「走夜路很危險，有可能會遇到壞人」的理由，孩子聽了自然就會認同。希望孩子養成早睡早起的習慣時也是如此，只要讓孩子明白「睡眠對身心健康的重要性」，孩子也會感受到父母的關愛。

孩子一旦養成不好的習慣後，突然要求他改變一切並不容易。遇到這種狀況時，不妨**依時間、份量、時機等細項分別「定下規矩」**，這麼一來，就會比較容易實踐。

# 第2章
# 責罵

以親子關係來說，「責罵」可說是家常便飯，也是一個重要主題。「父母必須責罵孩子」的場面十分常見，有時是為了糾正孩子的錯誤言行舉止，有時則是避免孩子陷入危險。

然而，有不少父母誤以為任憑情感宣洩地「發脾氣」就是「責罵」。

所謂的「發脾氣」是一種發洩煩躁或不滿心情的情緒化行為，這樣的行為對父母與子女間的信賴關係會造成不良影響。另一方面，所謂的「責罵」是理性教導孩子判斷善惡以及判斷事物的道理，這樣的行為可以促使孩子學會下次如何改善，進而獲得成長。

如果父母一天到晚發脾氣，孩子年紀還小時，或許會默默承受，但不久後，孩子也會開始發洩情緒。為了避免陷入「負面情緒的漩渦」，請父母在認知自己變得情緒化時，暫時避開與孩子相處。藉由拉開空間的距離，比較容易恢復冷靜。

萬一忍不住對孩子大發雷霆時，也請記得向孩子道歉，說一聲：「對不起，媽媽（爸爸）剛剛

今天我們在兒童館好好玩吧！
你好！
你好！
我想玩那個！
!?
我丟！
好痛！
不聽話！
不可以亂丟球！
？
迅速上前
妳是不是想借給那個小朋友玩啊？
嗯……
這樣丟球很危險，下次換成用拿的喔！

狀況

11

多餘無益的發言

不可以！

增進彼此理解的發言

○○行爲很危險，下次換成△△行爲喔！

只說出「否定句」很難讓孩子坦率接受，
記得搭配「理由」，解釋給孩子聽。

「不可以！」當你做了自己想做的某件事，或出於好意而做出某行為時，如果突然被人大聲喝斥，會有什麼感受呢？遭到「全面否定」時，就算知道自己的行為是錯的，也會難以接受糾正吧？

對孩子來說，也是一樣的道理。**孩子都渴望得到父母的愛，從父母口中聽到否定的話語時，尤其難以接受**，有些孩子甚至會選擇充耳不聞。「絕對不行」、「差勁透頂」、「無法原諒」也是讓孩子難以接受的話語，聽著這類話語長大的孩子，未來面對他人時，也會說出同樣的話語。

當然，孩子有時確實會做出不當行為，遇到這種狀況時，只要**搭配「理由」解釋給孩子聽，就可以迎刃而解**。舉幾個說法供大家參考，比方說「**突然跑到馬路上會被車子撞到，記得不要衝出馬路喔！**」、「**如果現在吃了點心，就會吃不下晚餐，忍耐一下喔！**」

孩子畢竟仍處於成長階段，不論孩子做出多少不當行為，也都要視其為獨立個體表示尊重。在這樣的前提下，以簡單易懂的說法解釋給孩子聽，直到孩子願意接受為止，進而達到勸說效果。

此外，也可以傳達父母的心情。舉例來說，若孩子不小心說了傷害朋友的話語時，可以對孩子說：「**媽媽（爸爸）覺得很難過。**」對於總是不遵守約定的孩子，不妨告訴他：「**媽媽（爸爸）真的每次都覺得很傷腦筋。**」孩子內心自然會湧現想要回應父母期望的想法。

狀況

12

◎ 增進彼此理解的發言

要小聲一點喔！

←

吵死了！

✕ 多餘無益的發言



希望孩子保持安靜時，父母也要「小聲」傳達想法，
同時盡量避免用「感覺」來表達問題。

孩子活力充沛是件好事，玩得開心時，忍不住興奮過頭也是自然的天真表現，可讓人會心一笑。不過，如果這樣的表現會造成他人的困擾，父母就有必要出面制止。話雖如此，但是如果只對孩子說：「吵死了！」、「閉嘴！」、「給我安靜！」孩子也不知道該降低多少音量才好。

如果是在禁止交談的場所，可以直接告訴孩子：「**這裡禁止人家講話，要守規矩喔！**」就算沒有告知該場所禁止交談，也可以**用期望孩子表現的音量，輕聲對孩子說：「要小聲一點喔！」孩子就能夠輕易理解父母所期望的音量。**

搭捷運或在餐廳用餐時，時常會撞見明明在要求孩子安靜，父母卻用著比孩子更宏亮的聲音大聲斥罵的場面。這樣的表現難道不是說一套做一套？四周的人會覺得你這個當爸媽的比孩子更吵，結果反而對他人帶來更多困擾。

萬一父母已經出聲叮嚀，孩子因興奮過頭仍然無法立刻安靜下來時，也不要對孩子大聲施壓，建議走近孩子身邊，保持冷靜地小聲叮嚀孩子會比較有效。

另外，當孩子不停發出碰撞物品的聲響，或在安靜場合拆零食包裝，使得噪音響遍四周時，父母可選擇制止孩子繼續動作，或是協助孩子盡速完成。對於「小小聲」、「安靜的聲音」等憑藉感覺的表達方式，年幼的孩子並無法確切理解，這時只要**示範給孩子看，孩子自然就懂得模仿**。

狀況

13

✕ 多餘無益的發言

到那邊去！不要在這裡礙事！

◎ 增進彼此理解的發言

我現在忙著要工作，請你到那邊等三十分鐘喔！

冷漠的對待，會讓孩子覺得「自己毫無價值」，請給予孩子「歸屬感」。

現代人遠距工作變得普遍，不論工作、家事或育兒，都可能在同一個空間裡進行，生活很難有明確的劃分。像是進行線上會議時，有時孩子會突然加入會議把出席者逗得哈哈大笑，但父母這一方可說是冷汗直流。當父母有絕對不能受到干擾的重要行程時，請事先以**「媽媽（爸爸）從○點開始，有三十分鐘沒辦法跟你講話」、「從○點到○點的這段時間，媽媽（爸爸）有很重要的工作要做，你乖乖在那邊玩喔」**等具體說法，讓孩子掌握狀況。

「到那邊去！不要在這裡礙事！」、「不要跟我說話！」、「不要過來這邊！」不限於工作，為私事忙得不可開交而無暇顧及孩子時，如果以這樣的說法冷漠對待孩子，會讓孩子感到傷心難受。若頻繁遭到父母這樣的對待，孩子很可能產生「自己毫無價值」的想法。當孩子聽到其存在遭到「全面否定」的話語時，內心將會留下傷痕。

就算再忙，也應該向孩子說明狀況，只需要說一句**「媽媽（爸爸）現在要忙著做○○，所以沒時間陪你玩」**，就能夠讓孩子安下心來。**親子之間的信賴關係會因為「有沒有說出口的差別」而截然不同。**

**「雖然現在不能陪你說話，但你可以待在旁邊沒關係喔！」**這樣的發言可傳遞出認同孩子歸屬的訊息，這是一種可以讓孩子知道自己具有「存在價值」的親情表現。另外，**父母一旦忙碌起來，就會失去從容度，建議可以事先在有時間好好交談時，提前向孩子說明狀況。**

狀況

14

多餘無益的發言

到底要我說多少遍，你才會懂？

←

增進彼此理解的發言

我再說一遍喔！

孩子無法理解時，不要把責任推到孩子的身上。
以孩子聽得懂的方式說明，確認孩子是否已理解。

儘管做了說明，孩子還是聽不懂，或是不明白意思……這樣的狀況代表彼此在溝通上出了問題。即使說者自認已經把意思傳達出去，還是有可能發生聽者無法確實理解意思的狀況。「到底要我說多少遍，你才會懂？」當父母忍不住有這樣的想法時，請告訴自己「我說的話沒能把意思傳達給孩子知道」。父母應先認知自己的傳達方式有問題，並且設法繼續說明到孩子理解意思為止。

「你要我說多少遍？」、「你下次不會再有機會了！」、「你別太過分啊！」這類**以「你」為主詞的「你訊息」會帶給孩子受到譴責的強烈感受，使得孩子難以坦率接受**。當我們認為問題的原因出在對方身上時，往往容易脫口說出「你訊息」，若是一直堅持這樣的說話態度，恐怕難以互相理解。

相較之下，如果溝通時改口**以「我」為主詞的「我訊息」，對方就會比較容易坦率接受意見**。舉例像是「**我再說一遍喔！**」、「**如果媽媽有哪裡說明得不夠清楚，可以告訴我嗎？**」等說法即屬於「我訊息」。

「你聽懂了嗎？」當孩子被這麼詢問時，即使不懂也會忍不住回答：「聽懂了。」不過，如果換成「**可以跟媽媽說有哪裡沒聽懂嗎？**」的問法，孩子就會比較容易啟口，主動說出自己不懂之處。**孩子只聽一遍就能夠立刻做到的事情少之又少，請父母發揮耐心教導孩子**。

狀況

15

× 多餘無益的發言

你一直哭，誰知道你想怎樣？

◎ 增進彼此理解的發言

你爲什麼這麼難過呢？

責罵正在哭泣的孩子，只會讓孩子更加難過，

請聆聽孩子哭泣的原因。

孩子會哭泣就表示「無法壓抑情緒」，這時候根本不可能冷靜說話。「你一直哭，誰知道你想怎樣？」、「不要這樣一直哭哭啼啼的！」如果這樣責罵孩子，只會讓孩子更加止不住淚水。

有些父母還會以威脅的口吻，對著正在哭泣的孩子說：「你以為哭了就沒事嗎？」、「你自己做錯事還敢哭！」這樣的對待方式當然不妥。如前面的章節所說，緊迫盯人地試圖控制孩子的舉動是一種「控制欲」。如果孩子持續受到這樣的對待，未來孩子很可能也會做出相同舉動去威脅他人。

如果想知道孩子哭泣的原因，請以「**怎麼了？你為什麼這麼難過呢？**」、「**你一定是遇到什麼事讓你難過到想哭吧？**」的說法，**陪伴在孩子身邊，好好聆聽孩子怎麼說**。

只需要當聽眾在一旁聆聽，哭個不停的孩子自然就會停止哭泣，慢慢恢復冷靜。一旦造成哭泣原因的鬱悶心情化為話語傾洩出來後，心情就會快活起來。

這時，請父母記得提醒自己不要以高高在上的態度給予建議，而是應該徹底扮演好「聽眾」的角色，安撫孩子一聲：「**原來你遇到那麼難過的事情啊！**」

只要讓孩子能自在地說出想說的話，孩子就能夠整理好情緒，不再難過哭泣。**父母若想要傳達什麼想法給孩子知道，也請耐心等待孩子恢復平靜後再開口。**開口時，請記得只要針對自己的想法，盡量以「我訊息」傳達給孩子。

狀況

16

多餘無益的發言

媽媽（爸爸）不管了，我要離開這裡！

←

增進彼此理解的發言

媽媽（爸爸）真的快受不了，我現在沒辦法冷靜跟你說話。

父母也是凡人，老實說出自己的心情，

讓孩子看見脆弱的一面，比較容易獲得理解。

工作加上育兒而感到身心俱疲、或看不慣很多事物而想要一個人獨處、與子女吵架或夫妻吵架而覺得受不了……相信在這些時間點，很多人應該會忍不住脫口說出：「我要離開這裡！」

「你如果再不聽話，就把你丟在這裡！」這樣的發言和前面那句話一樣，都帶有威脅孩子的意味。**對孩子來說，父母是「獨一無二的絕對存在」，也是最大的精神依靠。**這樣的存在即將離自己而去，只會讓孩子心生恐懼。父母利用孩子的這種心態加以威脅的舉動，可說相當殘酷。

如果是在真的已經承受不住，非得要衝出家門才能平息心情之下，說出「我要暫時離開這裡」，我認為倒是無妨。**建議可以透過限定時間等方式，設法擁有只屬於自己的時間。**畢竟父母能否維持健康的心理也十分重要，等心情恢復平靜後，再回家讓孩子安心。

如果像《狼來了》的故事一樣，嘴上一直說「我要離開」卻沒有實際付諸行動的話，以後孩子聽到這句話只會自動左耳進、右耳出。與其展現逼真的演技，不如在真的感到痛苦難受時，老實對孩子說：「**媽媽（爸爸）真的快受不了，我現在沒辦法冷靜跟你說話。**」讓自己暫時擺脫家事和育兒的重擔，離開一下會更好，這麼做也比較容易得到家人的理解。

狀況

17

多餘無益的發言

我不管你了！

增進彼此理解的發言

可不可以告訴我，你想怎麼做？

子女不是父母的「所有物」。

與孩子真心交談，避免孩子受到被忽略的精神虐待。

「我不管你了」和「我要離開這裡」一樣，都是不讓孩子有機會發表意見的「暴政發言」。「小心我把你丟在這裡！」、「隨便你！」、「以後萬一怎麼了，我也不會理你！」這些也是同類發言，如果孩子持續承受這類的言語對待，將會變得習慣察言觀色，而不會說出真心話。

父母利用自己的立場來威脅孩子，或試圖照自己所願地控制孩子行動，內心其實也存在著沒有被滿足的「自我不足感」。也就是說，父母自身也會察言觀色，陷在內心得不到滿足、認為自己不具價值的自我厭惡感之中。因此，他們會利用比自己弱勢的對象，或藉由讓事態照自己所願地發展，來獲得滿足感。若從小被這樣的父母養育成長，孩子本身也會變得害怕受傷，當面對地位高於自己的對象時，就會開始察言觀色。

為了避免這樣的狀況發生，**請父母一定要重視雙向溝通，讓自己能夠平心靜氣地詢問孩子：「可不可以告訴我，你想怎麼做？」**不論是父母，或是子女，內心難受時就坦率表明自己很難受，**讓彼此知道對方的煩惱或脆弱的一面，以真心話互相溝通。**「原來大人也有很多煩惱，大人也很辛苦呢！」光是知道這個事實，孩子的心情就會輕鬆許多。

子女不是父母的「所有物」。如果雙方能夠建立互相理解、彼此尊重的關係，那就太好了！

## 狀況 18

× 多餘無益的發言

你再不好好收拾，媽媽（爸爸）就全部拿去丟掉！

←

◎ 增進彼此理解的發言

一起來收拾吧！

「附帶條件」的互動與威脅沒什麼兩樣，

想表達什麼就直率地說出口，並且陪著孩子一起動作。

「你再不好好收拾，媽媽（爸爸）就全部拿去丟掉！」不少父母誤以為只要附帶條件地這麼說，孩子就會乖乖聽話。有些父母的用詞更重，像是「我才不要你這種懶惰小孩！」、「我討厭動不動就哭的小孩！」等附帶條件的批評話語，藉機向孩子提出要求。這麼一來，孩子可能也會以「買電動遊戲給我，我就乖乖收拾」的說法，表示願意在附帶條件之下接受父母的要求。

**「一起來收拾吧！」**、**「我們來把東西收進盒子裡，才不會搞丟重要的東西。」**希望孩子學會主動收拾時，其實只要這麼說，並且幫忙孩子一起收拾就好。先讓孩子有動手收拾的機會，並教導如何收拾之後，最後再詢問孩子：**「剩下的，你有辦法自己收拾嗎？」**這樣的模式比較容易讓孩子提起幹勁說：「我試試看！」或許有人會說：「如果沒有一開始就讓孩子自己做，是否會很難培養出自動自發的心？」其實，實際上是相反的。大人也一樣，如果上司交辦任務只說一句「交給你了」，而沒有給予任何指導，下屬恐怕也很難有所成長。

當然，**成長速度的快慢會因人而異，有些孩子或許需要花費比較長的時間給予協助，才能學會自己做。**不過，育兒的任務不可能持續一輩子，父母不妨以「這是期間限定任務」的心態，陪伴孩子成長。只要配合孩子的成長步調，好好享受與孩子共處的時光，不知不覺中，孩子就會漸漸成長。

狀況

19

× 多餘無益的發言

你已經不是小寶寶了！

← 

◎ 增進彼此理解的發言

你不喜歡自己一個人，對不對？

不要只用孩子的年齡斷定一切，
讓孩子盡情撒嬌，孩子才能安心成長。

「你已經不是小寶寶了！」、「你都升上五年級了，還不會自己做嗎？」、「你已經十歲了，不要再做〇〇事了！」有些父母會因為希望孩子快點成長，一旦有狀況便以「年齡」為由，對孩子說出這類話語。為什麼呢？因為有些父母會覺得只要拿出年齡來談判，就能夠正當化自己的意見。

**不要以孩子的年齡來判斷，把重點放在如何加深與孩子的互動更加重要。**以我的例子來說，直到孩子升上小學六年級，我還在念睡前故事給孩子聽呢！「孩子已經〇歲了，一般不會再做這種事」的想法是一種不該有的偏見，因為孩子的成長狀況和喜好皆不同。

請父母把焦點只放在自家孩子的成長上，配合孩子的步調來相處。父母若是經常拿出年齡做為談判條件，甚至做比較，會讓孩子覺得父母並不關注自己的成長。

相反地，如果不做任何比較，而是展現理解的態度對孩子說話：「**你不喜歡自己一個人，對不對？**」、「**你其實是想撒嬌，對不對？**」、「**你自己做不來，所以很傷腦筋，對不對？**」孩子就會覺得父母明白自己的心情而感到安心。這麼一來，孩子也會懂得接納他人的狀況和心情，進而與他人建立良好的信賴關係。

孩子終有一天會離開父母的身邊。不管是幫忙剪指甲也好，陪著去上廁所也好，若能把孩子願意這樣向你撒嬌的期間，視為黃金期來享受親子時光，父母的壓力也會煙消雲散。

狀況

20



多餘無益的發言

你這樣做，會被老師罵喔！

←

增進彼此理解的發言

媽媽（爸爸）覺得你應該要複習比較好耶。

不要利用「權威者」的角色發言，

建議以一對一的形式面對孩子。

「這樣會被老師罵喔！」、「我要跟你爸爸（媽媽）說喔！」育兒時總是容易忍不住說出這類話語。有些人可能覺得只要這麼說，就能更具有說服力、更有效，但這種做法純粹是在推卸責任。

這麼說或許有些苛刻，但這些發言的背後，多少反應出發言者因為缺乏自信而不願意直接地面對孩子，所以試圖假借他人的權力來達成目的。這種拿自己以外的權威者當擋箭牌來提出自我主張的舉動，也可說是證明了對自己沒有信心。

不只是學校的老師，還包括補習班或才藝課的老師、嚴厲的父親（母親）等等，若習慣在親子對話中利用「具有權威的他人」，孩子也會跟著模仿起來。

「大家都有乖乖做喔！」、「某某小朋友很努力呢！」像這樣與其他孩子做比較也不恰當。對孩子有所要求時，只要直接傳達給孩子知道就好，比方說：「**媽媽（爸爸）覺得你應該要複習比較好耶。**」、「**媽媽（爸爸）希望你可以每天完成五頁的作業。**」

即便已經說明白，孩子還是不肯採取行動時，請試著以「**你覺得要怎樣才做得到呢？**」、「**什麼時候開始做比較好？**」的問法，**先了解本人的意願，再跟孩子好好溝通。這麼做才是真正的「面對孩子」，孩子也會感受到你是真心為他著想**。如果真的做不到一對一的形式與孩子正向溝通，請老師、或第三人加入一起溝通也是個好方法。這時，可以請第三人直接向孩子提出建議。

狀況

21



× 多餘無益的發言

為什麼你不乖乖聽話？

←

◎ 增進彼此理解的發言

可以告訴媽媽（爸爸）是什麼原因讓你做不到嗎？

詢問「為什麼？」只是給對方施壓，無法解決問題，請採用孩子容易啟口的問話方式。

想要提出什麼要求或表達主張時，詢問對方「為什麼？」被認定是所謂的「危險問題」，因為這麼做會把對方逼得無路可退。經常採用這個字眼的人屬於「解決問題型」，認為如果不知道原因，就無法找出解決方法。這樣的想法其實並沒有錯，不過人類是「情感動物」，如果只知道搬出大道理，突如其來地逼問對方，很多時候反而會造成反效果。

「為什麼你不乖乖聽話？」、「為什麼你連這種事情都不懂？」、「為什麼你總是忘東忘西？」這些也是會造成反效果的問話方式。這種問話方式的複雜之處在於其矛盾性，發問者一方面要求得到有邏輯的答案，另一方面卻又宣洩出情感。對象換成是大人也一樣，單憑「情感發言」並無法解決問題，必須互相溝通，討論出「具體方法」才行。

**「可以告訴媽媽（爸爸）是什麼原因讓你做不到嗎？」、「要怎麼做，你才不會那麼容易忘記東西呢？」**像這樣協助孩子一起思考可以延伸到實際行動的方法或手段，或許會是不錯的做法。**不要詢問孩子「為什麼？」試著改成詢問「要怎麼做？」孩子也會比較容易回答。**

你也可以選擇不採用「要怎麼做？」的問話方式，改換成詢問孩子：「**當初是什麼樣的狀況？**」透過這樣的問話方式，有時會發現孩子做不到的原因，可能是來自於心理層面的問題。重點是，**不要把孩子逼得無路可退，提醒自己盡量採用孩子容易啟口的問話方式。**

狀況

22



×多餘無益的發言

拜託你不要這麼丟臉！

←

◎增進彼此理解的發言

這樣做不衛生，我們不要邊走邊吃。

其實是父母自己覺得丟臉！

不要只告訴孩子不能這麼做，也要說明「原因」。

「不要這麼丟臉！」搭捷運或在公共場所時，經常看見父母這麼斥罵孩子。這些狀況其實幾乎都是父母自己覺得丟臉，孩子們才不覺得在意。對孩子本人來說，根本無所謂。

舉例來說，在捷運車廂內化妝的人也是類似的，對吧？「竟然在大庭廣眾之下化妝，真是沒規矩。」、「太丟臉了吧！」儘管四周乘客可能有意見，本人卻是完全不以為意。

如果孩子真的做出在教養上不樂見的行為時，請父母加上理由給予指示。比方說，「**這樣做不衛生，我們不要邊走邊吃。**」、「**這樣會造成其他人的困擾，來到這種場所就要安靜地坐著。**」**說明不能做出該行為的理由，讓孩子理解「為什麼」非常重要。**

「真不敢相信你竟然在大庭廣眾之下做出這種事！」、「你這樣會被取笑的！」我在提供諮詢服務時，也有不少人痛訴因為父母對他做出這類發言，讓他覺得「成長過程是遭受否定的」。

當你因為很喜歡而挑選某物品，或因為很想做某件事而付諸行動後，父母卻為了顧及體面或愛面子而給予否定時，你會有什麼樣的感受？**人們在自己的行為受到限制或遭到排除時，會覺得自己沒有獲得認同，進而陷入「自我否定」的思維。**有些人還會因此失去幹勁，甚至對父母懷抱恨意，在負面情緒下長大成人。

但願為人父母者，**不要以自己的價值觀，扼殺孩子的個性。**

狀況 23

× 多餘無益的發言

這麼簡單的事你也做不到？

← 

◎ 增進彼此理解的發言

像這樣拿筷子會比較好拿喔！

孩子如果受到責罵，就會失去「幹勁」，
請配合孩子的程度給予協助。

因為做不到某事而被瞧不起時，即使是大人也會心生煩躁，或受到打擊而變得沮喪。請想像一下，如果換成是被自己信賴的父母瞧不起，孩子會有什麼反應？孩子很可能會因此認定自己是個沒用的小孩、是個能力差的小孩。

「這麼簡單的事你也做不到？」、「這麼一點小事你該學會了吧？」這類的說法也會讓孩子難以理解，因為「這麼簡單」、「這麼一點」的表達方式過於模糊。

此外，孩子做不到某事已經很難過，卻還受到譴責，只會越來越缺乏幹勁。或許父母是希望孩子克服做不到的事情，而抱著激勵的心態說出譴責的話語，但這完全是帶來反效果的做法。

「**要像這樣拿筷子喔！**」、「**像這樣摺衣服就可以摺得很好喔！**」**教導孩子做不到的事情時，請實際示範做法給孩子看，孩子如果做不好，父母就扮演陪跑者的角色，協助孩子完成動作。**

為了讓孩子提起幹勁，也不要忘了給予正面的鼓勵話語，像是「**你已經學會做到這個步驟，太厲害了！**」、「**看到你現在這麼會拿筷子，媽媽（爸爸）好開心喔！**」

**對於缺乏自信以及幹勁的孩子，建議以「小步伐」的節奏，讓孩子一件一件地完成做得到的事情。**如果孩子不擅長做計算題，要求他每天寫一頁（十題）會很吃力的話，不妨改成每天寫一題，只要持之以恆地練習，還是能夠培養出自信心，請配合孩子的程度給予協助。

狀況

24

多餘無益的發言

是你自己做錯事吧！

增進彼此理解的發言

你覺得錯在哪裡？

不要只顧著責罵，也要傾聽孩子的「辯解」。

單方面以壞小孩來看待孩子，只會造成心理上的不良影響。

孩子做錯事時，父母都會想要告誡孩子「錯在哪裡」，進而改善下一次的行為。這時如果說出「是你自己做錯事吧！」這樣的話，一味地責罵孩子，而不讓孩子有機會發表意見，孩子將永遠也不知道自己的行為是哪裡不對，只會覺得挨罵了。

孩子也有可能心裡明白不能這麼做，但因為朋友邀約或其他原因而做出行動。這時，如果父母根本沒有詢問本人理由，便單方面地認定孩子做錯事，會使得孩子連說明都懶得說明。

當孩子闖禍時，解決問題的基本動作是先詢問孩子，為什麼會有那些舉動？**在掌握「原因」或「背景」之後，再與孩子進行溝通。**孩子肯定也會有想要辯解的地方，刻意讓孩子有機會說出來，這點也十分重要。

像這樣**互相取得理解後，父母可以提出問題讓孩子本人去思考改善對策。**比方說，**「你覺得錯在哪裡？」**、**「以後要怎麼做才可以預防再犯錯？」**、**「你覺得該怎麼做才不會再犯相同錯誤？」**

孩子做錯事時，如果沒有好好溝通，便單方面地以壞小孩來看待孩子的話，會讓孩子漸漸養成對父母說謊或隱瞞事情的習慣，導致事態變得更加棘手。與其這樣，父母還不如抱著「出狀況時就是機會降臨」的心態，讓孩子培養出思考具體對策的習慣。

# 你有沒有好好遵守親子間定下的「約定」呢？

**只要「父母確實遵守與孩子的約定」，自然可養育出「信守承諾的子女」。**

「下次放假，我們去公園玩。」、「等下次來這裡的時候，我再買零食給你。」對於這類日常生活中的約定，身為父母的你，有沒有確實遵守呢？對父母來說，這些或許都是無意間的對話，但如果沒有付諸行動，孩子會覺得很受傷。

相信多數的父母是真心想利用週末假期帶孩子去公園玩，但等到假日到來時，卻可能臨時突然有事或覺得麻煩而敷衍孩子說：「下次再去喔！」

大家是不是也有過這樣的舉動呢？有時實際狀況難免會出現變化，像是「疲勞不堪」、「氣候不佳」、「必須處理某事而騰不出時間」等等。

遇到這種狀況時，即便對象是孩子，也應該「告知原因並道歉」。視狀況而定，還可以藉由「提出替代方案」等方式，找出雙方的妥協點。

很多狀況是父母明明在面對其他大人時，絕對不會做出某些行為，然而一旦對象變成子女時，卻會毫不在乎，甚至無意識地做出這些行為，這才是真正的問題所在。**別忘了，即便對象是子女，也應該「誠心相對」。**

為了做到這點，請提醒自己**不要為了敷衍了事而隨意許下承諾**，這點十分重要。

或是明明是同一件事，父母卻會依心情好壞有時說「好」，有時說「不行」，這樣的行為跟不遵守約定沒什麼兩樣。父母既然已經定下規矩，就不該自己破壞規矩。

**對待孩子的態度必須具有「一致性」**，只要能夠徹底做到遵守日常的小小約定，孩子對父母的信賴度勢必會提升。最終，孩子將能夠在保持穩定的心情下成長，也會變得「乖巧聽話」。

這麼一來，父母也不會動不動就心情煩躁，而是能夠以從容的態度與孩子相處，進而形成良性循環。

# 第3章 稱讚、鼓勵

稱讚會因為「說法」的差異，而給人完全不同的感受。為了避免造成誤解，原則上，以言語說出對方在「哪方面、哪件事、實際做了什麼」，讓你覺得他表現得很好，孩子就能明確知道自己為何被稱讚。舉例來說，不要只說「好厲害喔」，而是換成「你的手指動作很靈活呢（鋼琴發表會時）」、「你很積極地帶球進攻呢（足球比賽時）」等具體說法，孩子就能確實感受父母有清楚看見他的努力。

此外，應避免拿周遭朋友來做比較，像是以「你比小明還要努力」的比較說法來表示稱讚，或是以「我最喜歡看到你在○○方面有好表現」的附帶條件說法來展現親情，也是要盡量避免。

父母稱讚子女時，應把焦點放在孩子的努力成長和過程，並提醒自己採用「你以前做不到○○事，現在做得到了」的說法。同時，也請記得跟著孩子一起享受喜悅，以「媽媽（爸爸）好開心」、「媽媽（爸爸）好感動」等說法傳達「正向情感」。或是做出擊掌等動作，增加與孩子的肢

要不要大家一起來畫畫啊？
真好～
我要～～～
謝謝～
哇～好厲害喔！
很棒耶！
哇！你的畫充滿活力，我看了都覺得精神飽滿起來！
媽媽很喜歡你用的這個顏色呢！
媽媽！我的呢？
這個星星的形狀畫得很漂亮！
你很會畫直線呢！都不會歪來歪去
耶！

狀況

25

多餘無益的發言

好厲害喔！

增進彼此理解的發言

你的畫充滿活力，看了都覺得精神飽滿起來！

「缺乏具體內容」的稱讚話語毫無意義，

盡量針對過程或印象，稱讚時請多加一句話。

「好厲害喔！」這句話很方便，相信不論在任何場合，很多人都會忍不住說出這句話。比方說，當孩子做了什麼努力或表現，父母會產生「總之先稱讚一下」的心態，脫口對孩子說出「好厲害」、「不錯」等抽象話語。

然而，若希望促使孩子成長，**稱讚話語必須包括「什麼地方做得很好」、「哪裡讓人印象深刻」的內容，才能真正傳達出去。**如果沒有具體表達，孩子會覺得父母只看到自己的行為表面。

**「你的畫充滿活力，看了都覺得精神飽滿起來！」**想要稱讚孩子的美術作品時，只需要像這樣針對印象或特徵多加一句話便已足夠。當孩子因為粗心而算錯答案的狀況減少時，也可以在稱讚時提起過程：**「因為你每天很認真寫練習題，所以變細心了。」**

「當上司只跟我說『做得不錯』，我會覺得沒什麼動力。」在進行企業的員工諮詢時，我也經常聽到這樣的聲音，主管如果沒有說出具體內容，員工會認知「原來主管對我的表現不感興趣」。

當然，父母不用對孩子的一切努力都一一給予評價，未能掌握狀況時，也可以試著詢問：**「你做了什麼努力，才可以做得這麼好？」**這麼一來，說不定孩子會主動強調自己的努力：「因為我做了很多練習啊！」這時也是稱讚孩子的好時機，父母只要表示認同並對孩子說：**「原來你那麼努力做了練習啊！」**孩子自然能夠提起幹勁，接受下一個挑戰。

狀況

26

多餘無益的發言

好乖喔！

增進彼此理解的發言

好開心喔，你有好好遵守約定！

「高高在上」的發言會形成執念，
建議以對等的立場，評價孩子的「行動」。

稱讚孩子「好乖」和「好厲害」雖然有些相似，但意思大不相同。「好厲害」是以對等的立場做出發言，但「好乖」是以「自己居上的立場」為前提在評價對方，有點「高高在上」的感覺。

「父母的立場在子女之上，這樣沒什麼不妥吧？」或許有人會這麼認為，但**即使對象是自己的子女，也應該「以個人來看待，並展現尊重的態度。」**舉例來說，父母可以提醒自己用「**好開心喔，你有好好遵守約定**」、「**大冷天裡跑那麼久，你一定很累吧？**」、「**你真的很努力，成績才會變好**」的說法，**針對孩子的行動，表達慰勞或傳達心情**。

上下關係也屬於一種「支配關係」，若父母一直以高高在上的態度來稱讚孩子，孩子將會無法擺脫「我必須得到父母認同才行」的執念。孩子可能會選擇忽略自己的想法，一心只想要努力回應父母的期待。若得不到父母的認同，孩子將會陷入自我否定、自我厭惡的思維，甚至可能迷失自我，不知道自我成長的價值。

此外，習慣以「好乖」這種上下關係的態度與子女相處的人，多半在職場、學校等家庭以外的場所，也會不經意的以相同態度與人相處，容易引起人際關係的問題。

**想要建立對等關係時，必須先改掉以表現好壞來評價對方的做法**。先確實做到這點，再讓自己養成在發言中提及「行動」的習慣，這樣就更完美了。

狀況

27

多餘無益的發言

你考一百分耶，好棒喔！

←

增進彼此理解的發言

你平常很認眞複習，所以考了一百分呢！

稱讚時應重視「過程」勝於「結果」，

想要培養子女的自信心，全看父母如何稱讚。

孩子考試一百分、孩子考第一名、孩子沒有粗心算錯……當孩子的行動獲得好結果時，相信大家都有過只稱讚「結果」的經驗。

然而，如前面所說，這樣的舉動有可能把「沒有交出成果就無法得到認同」的「執念」灌輸給孩子。這麼一來，交出成果會變成目的，孩子也就不會產生想要挑戰更高難度任務的念頭，或是讓自己避免去做有可能失誤的事情。在這樣的狀況下，孩子恐怕難以有所成長。「你好棒，每一題都答對耶！」、「你真聰明！」這些也是只稱讚「結果」的發言。

相較之下，當孩子考一百分時，若能夠同時提起過程，像是「**你平常很認真複習，所以考了一百分呢！**」、「**你主動去問老師自己不會的題目，現在真的弄懂了呢！**」孩子將會產生「只要努力就做得到」的自信心。就算考了七十分，如果孩子已經掌握並理解自己不懂之處，就大方稱讚孩子為了理解而付出的「努力」吧！

**稱讚時應重視「過程」勝於「結果」**，若是值得稱讚的結果，當然也可以大方稱讚。這麼一來，**孩子將會因為自己的努力得到認同而變得更有自信，也能夠學會享受過程的樂趣**。

人生漫長，不可能凡事都得到好結果。除了培養自信之外，**採取重視過程的方式來稱讚孩子，也有利於幫助孩子培養「不到最後絕不放棄的耐力」**。

狀況

28

多餘無益的發言

你看，你只要有心就做得到！下次要更加努力，知道嗎？

←

增進彼此理解的發言

你一直很認眞練習，看到你的進步，媽媽（爸爸）也很開心。

最大原則就是「一路稱讚到底」。

接二連三地提出要求，會讓孩子覺得徒勞無功而失去幹勁。

不知怎地，父母總容易懷抱較高的理想。「我們家小孩說不定是個天才？」、「我們家小孩算是天賦異稟吧？」大家是不是至少都有過一次這樣的想法呢？

「我們家小孩只是現在沒有好好努力，他只要有心，一定做得到！」應該有不少父母如此深信不疑，而對自家孩子的才華充滿期待。如果只是在心裡這麼想，那完全沒有問題，但如果把心裡的這份期待全部灌注在孩子身上，有時可能會帶給孩子難以計量的莫大壓力。

**稱讚孩子時，應以「一路稱讚到底」為最大原則。**假設孩子在鋼琴發表會上獲獎，只需要對孩子說「**你一直很認真練習，看到你的進步，媽媽（爸爸）也很開心。**」這樣就夠了。

「下次也要努力喔！」、「只要你肯努力，一定可以彈得更好。」這類的多餘發言會使得孩子心生不安：「我的表現如果不符期待，就不會被誇獎。」與此同時，孩子可能會產生「不論我再怎麼努力，爸媽也不會認同我」的想法，導致灰心和不滿的情緒在心中膨脹，最後覺得一切都無所謂。

若希望培養孩子的自信以及自我肯定感，**請父母在稱讚孩子時，不要提出其他要求，只要單純稱讚就好。**萬一陷入「我再怎麼努力，爸媽也永遠不會滿意、不會認同我」的無限循環，孩子會覺得不論自己做什麼都徒勞無功，反而感到難受。請記得若已開口稱讚孩子，就要「一路稱讚到底」。

狀況

29

×多餘無益的發言

不愧是姊姊（哥哥），真可靠！

←

◎增進彼此理解的發言

謝謝你來幫忙，讓媽媽（爸爸）減輕不少負擔。

在「被比較」下成長的孩子，長大後也會持續與他人比較，建議單純針對行為給予稱讚。

父母若常在兄弟姊妹之間做比較：「你怎麼不像哥哥那麼會讀書？」、「你怎麼都不像妹妹那樣討喜？」這樣的話語會對孩子的人格造成極大影響，導致長大後內心懷抱恨意。

在我為社會人士進行諮詢時，也經常聽到這類的煩惱。最常聽到的是，身為長男、長女總被要求「行事可靠」，於是成長過程中一直努力扮演「行事可靠」的角色。為了避免孩子受到這樣的枷鎖束縛，父母必須自我提醒「正因為孩子們是兄弟姊妹，才更應該給予平等且公平的對待。」當長女（長男）幫忙做了什麼事情時，要避免脫口說出：「不愧是姊姊（哥哥），真可靠！」

「**謝謝你來幫忙，讓媽媽（爸爸）減輕不少負擔**」、「**謝謝你幫忙做準備。**」只要對孩子這麼說就好了。**父母只需要針對行為或行動表達感謝之意或稱讚話語，就能夠讓孩子感到安心**：「原來爸媽確實看到了我的表現。」另外，「不愧是男孩子」、「女生果然就是不一樣」的說法也有所不妥，**請小心避免以性別差異來給予評價**。請改成與性別無關的說法，像是「**你好有力氣喔**」、「**你真的很細心**」的說法，直接稱讚孩子的行為。

其實不限於兄弟姊妹，如果在成長路上經常被拿來與某人做比較，孩子長大後，也會變成只懂得透過與他人比較來評價自己。無時無刻都在與某人做比較的人生，只會不斷累積壓力。為了避免影響孩子，**請父母認同孩子原有的樣貌**。

狀況

30

多餘無益的發言

墊底也沒關係，加油好嗎？

←

增進彼此理解的發言

媽媽（爸爸）會一直替你加油打氣！

在「過低評價」下成長的孩子，容易自我設限，

請給予正面的鼓勵。

有些父母不想要給孩子壓力，希望孩子可以不受成績影響而自發努力。基於這樣的想法而對孩子說：「墊底也沒關係，加油好嗎？」或許大人自認這是鼓勵的話，但這句話也可以被解讀成「我對你不抱著期待」、「你的程度頂多就這樣」。孩子聽在耳裡，會覺得父母像是一口咬定說：「你不可能做得到。」

此外，對不想上學的孩子說：「只要不會被退學就好。」或是對正在學才藝的孩子說：「有機會去參加比賽（發表會）已經很不錯了。」這些表達方式都會讓孩子覺得自己不受期待。

**父母對孩子期待過高會造成孩子的負擔，相反地，如果以低評價斷定孩子的能力，也會讓孩子產生「爸媽根本不在乎我」的想法。**即便孩子書讀得不好、不擅長才藝，也要給予正面的話語，像是「媽媽（爸爸）會一直替你加油打氣！」、「玩得開心點喔！」這麼做才能真正為孩子帶來鼓勵。

**每個孩子都擁有無限潛力，只是成長速度的快慢各有不同。**父母明知如此，卻在一開始就替孩子畫框設限，或是讓孩子覺得自己已到達極限的話，剛要發芽的才華，說不定還沒機會開花結果，便先枯萎凋零。其實父母只要讓孩子明白，自己是他的頭號啦啦隊、也是救援隊，並在一旁守護，自然能夠讓孩子安心地好好努力。

狀況

31

×

多餘無益的發言

如果你考到第一名，就買電動玩具給你。

←

◎

增進彼此理解的發言

學會的東西變多，成績也進步了，這樣眞的很開心喔！

報酬、賞罰屬於「外在動機」，難以持久，
應該盡量協助孩子自發性地採取行動。

「如果你考到第一名，就買電動玩具給你。」、「如果你肯讀書，就給你零用錢。」你是不是曾經像這樣提出交換條件，要求孩子展現成果？

如果未能展現被要求的成果，就必須接受處罰的做法也是一樣。**「報酬、賞罰」都屬於是外部賦予行動的「外在動機」。**也就是說，行動目的變成不在於考第一名或讀書，而是得到電動玩具或零用錢。這樣的做法會阻礙孩子自發性地激發幹勁，進而養成沒有「報酬、賞罰」就不會行動的習慣。

相較之下，**「內在動機」是自己的內在欲望激發出行動意願。**舉例來說，「因為感興趣」、「因為很開心」、「因為很喜歡」、「因為努力而獲得成果就會很有成就感」等都是內在欲望。透過內在因素而促成的行動容易持續下去，也會帶來自己動腦思考如何解決問題的力量。即使孩子考試拿了一百分，也不需要獎勵，只要給予「**學會的東西變多，成績也進步了，這樣真的很開心喔！**」的發言，跟著孩子一起開心，孩子自然就會變得有幹勁。

我自己也曾經對孩子說：「只要你連續三次都考一百分，就可以買你喜歡的東西。」結果孩子開始出現一些平常不會有的失誤，詢問原因後才發覺孩子感到有壓力，所以考試時變得很緊張。我這才發現不妙，在那之後便徹底保持「只跟著孩子一起開心」的態度，孩子也因此得以發揮實力。這個經驗讓我深刻感受到，**比起物質上的報酬，與孩子共享心情更為重要。**

狀況

32

✕ 多餘無益的發言

你已經可以自己一個人就完成。

←

◎ 增進彼此理解的發言

你可以自己一個人就完成了呢！需要幫忙的時候再跟我說喔！

冷漠的態度容易讓孩子覺得父母不疼愛自己，

請記得加上「貼心話語」。

隨著年紀成長，有時孩子會努力過頭，凡事都想要自己獨力完成。看到孩子的表現，父母可能會忍不住脫口說出「你已經可以自己一個人就完成」的發言。不過，如果只有簡單說一句話，就結束發言，孩子聽在耳裡可能會覺得父母不再理我，或因為口氣太冷漠而有種被拋棄的感覺。

不可否認地，確實有些人認為想要讓孩子學習自立，選擇「放任、不理會」也很重要。然而，萬一孩子產生「父母不疼愛自己」的想法，將有可能變得不愛自己。我在提供諮詢服務時，總有機會聽到一些心理狀態不佳的案例，聽了他們的心聲之後，發現很多案例是源自於不愛自己。

在說完「你可以自己一個人就完成了」這句話後，**只需要加上一句「需要幫忙的時候再跟媽媽（爸爸）說」，便足以讓孩子產生「父母在旁守護著我」的想法。**

就算實際上根本不需要幫忙，也要陪伴在孩子身邊，讓自己可以在孩子遇到困難時，隨時伸出援手。只要像這樣**給予「安心感」，孩子漸漸地就會主動積極採取行動。**

當孩子最終能學會自立而準備離開父母身邊時，或許就有必要真正地放手。不過，對孩子來說，沒有什麼比「父母永遠會站在你這邊給予支持力量」的事實更讓人心安。期許我們都可以成為孩子遭逢困難時，會願意坦率開口請求幫忙的父母。

狀況

33

多餘無益的發言

沒事、沒事。

增進彼此理解的發言

放鬆肩膀的力量，試著讓自己輕鬆一點吧！

毫無根據的鼓勵話語會顯得敷衍，
建議與孩子共享心情，引導孩子放輕鬆。

「沒事」這個字眼非常方便好用，很多大人也經常使用這個字眼，我自身當然也會使用。不過，對於這個字眼的用法，或許有必要謹慎一點。

**在毫無根據下說出「沒事、沒事」，聽起來只會讓人覺得敷衍。**聽者會感覺說者沒有認真顧慮其心情，或覺得被看輕。「不要擔心」的說法也一樣，就算聽到再多次「沒事」、「別擔心」，除非本人已經不再感到不安或擔心，否則不論他人做出任何發言也起不了作用。

像是在升學考試等關鍵時刻，如果聽到「不要擔心」、「不要緊張」等話語，反而容易陷入緊張，或是不安情緒逐漸膨脹的惡性循環。

如果無論如何也想要說句話鼓勵對方，建議請以「**放鬆肩膀的力量，試著讓自己輕鬆一點吧！**」的說法，抱著與對方共享心情的心態來鼓勵對方。或是「**要是可以像平常一樣正常發揮就太好了。**」、「**按照自己的步調去做吧！**」採用這類說法也是不錯的選擇。

我們的身心是相連的，當心情陷入膠著時，若只專注於放鬆心情，恐怕還是難以放鬆下來。**如果想要幫助孩子平靜心靈，不妨建議孩子透過深呼吸或放鬆肩膀的力量來放鬆自己。**盡可能不要強硬地試圖改變什麼，**請展現貼心舉動以及適當發言，讓孩子得以保持原本的狀態。**

狀況

34

多餘無益的發言

憑你的能力，當然做得到。

←

增進彼此理解的發言

好開心喔，你的努力有了成果呢！

「過度期待」有時可能會讓孩子提不起勁，
建議要認同孩子的「努力」。

當你的努力帶來成果時，如果有個人對你說：「真是太好了，你一路以來的努力有了成果。」另一個人則是對你說：「憑你的能力，當然做得到！」請問你聽到哪句話會比較開心呢？

一般來說，即使自認是在表示稱讚，越是給予孩子過高評價或期待過高的父母，越容易做出「憑○○的能力，當然做得到」的發言。不過，這樣的發言是一種忽略孩子努力的過高評價，別說是感到開心，孩子甚至會因此感到沮喪。

優秀的員工也一樣，我曾聽過這樣的聲音：「上司對我說：『憑你的能力，當然做得到。』這讓我覺得自己的努力沒能夠得到認同，感覺好失落。」子女亦是如此，「憑你的能力，輕輕鬆鬆就能完成。」或許父母自認為是在替孩子加油打氣才做出這般發言，但對孩子本人來說，只會覺得父母的過高期待讓他倍感壓力而失去幹勁。很多優秀人才之所以會一蹶不振，也是同樣的原因。

針對結果表示讚許並非壞事，但**在成果的背後，必有一路走來的努力以及所花費的時間**。容我再次強調，**請記得稱讚時一定要認同孩子付出努力的過程**。這麼一來，孩子自然不會老是掛念結果，而能夠持續努力下去。

只看結果便斷定好壞的做法，絕對百害而無一利。關鍵在於，不論結果是好或壞，都能夠以正向態度來看待努力，當孩子能夠做到這點時，抗壓性也會隨之增強。

狀況

35

多餘無益的發言

你可以不需要大人協助，媽媽（爸爸）輕鬆多了！

增進彼此理解的發言

有你的幫忙，媽媽（爸爸）輕鬆多了！謝謝你！

「附帶條件」的親情表現會帶來反效果，

請在「不帶條件」之下，對孩子自身表示認同。

希望可以教出一個乖小孩……為人父母都會有這樣的想法，但如果只針對「不需要大人協助的乖小孩」表示認同，孩子也會產生「只有當一個不需要大人協助的孩子才具有價值」的想法。

世上哪個孩子不想向父母撒嬌？畢竟孩子仍處於成長階段，難免會遇到忍不住想說「我不想做」、「我不會」的時候。如果父母認定什麼都難不倒自家小孩而硬塞任務時，孩子應該也會感到壓力很大吧！若父母不願意接納「孩子也有做不到的時候」，逼得孩子必須逞強、忍耐，認為自己無時無刻都得扮演「乖小孩」的角色時，孩子會開始變得寂寞孤單。大人也是一樣，如果不曾學習如何依賴他人、不懂得向人求救的人，也會呈現出相同的傾向。

即便看在父母眼中，覺得自家小孩是個「乖小孩」、「可靠小孩」，也切記不要就此下定論。**請針對孩子聽話完成的「行為」給予評價，並表達感謝之意。**

「**有你的幫忙，媽媽（爸爸）輕鬆多了！謝謝你！**」、「**真開心看到你已經幫忙收拾乾淨，謝謝你總是願意幫忙！**」孩子若聽到這樣的發言，就能感受到父母是真心在慰勞他，而不是單純因為減輕了父母的負擔才被稱讚。「附帶條件」的親情表現、評價及認可，等於是在告訴孩子：「如果少了這項條件，你就會失去價值。」

**孩子的價值在於其存在，請提醒自己在「不帶條件」之下，對孩子傳達想法。**

# 第4章 個性、人格

透過長年的諮詢經驗和觀察，我發覺人們的個性、人格是依「與生俱來的素質」以及「後天環境因素」而形成。即使是在父母相同教育模式下長大的兄弟姊妹，之所以個性也會有不同，便是受到這兩點的影響。

素質沒有好壞之分，但不論哪種個性都有其優缺點。因此，父母應該盡可能地關注孩子的「優點」，千萬不要對孩子做出「否定人格」的言行舉止。人格遭到否定下長大的孩子，內心會深深受創，甚至也會因此影響長大成人後的人格形成。

此外，養育孩子時，守護孩子的「尊嚴」也很重要。所謂的守護尊嚴，就是將對方視為個體，以尊重且對等的態度來面對。守護孩子的尊嚴並不是放任溺愛，或是嚴格對待孩子，而是不要因為對象是小孩，就瞧不起或隨便應付對方。就算是面對幼兒，也能藉由言語反覆說明，來加深信賴關係。請父母時刻提醒自己，正因為是親子，彼此才更需要花費心思溝通。

耶～媽媽買了玩具給我！
哥哥，你看！
很好啊。
沒我的份就對了。
你是哥哥啊，而且你已經過了喜歡玩具的年齡，不是嗎？
唉～
咯噹
對不起喔！害你必須要忍耐！
撲上前
沒關係啦
爺爺，你什麼時候跑來的？

狀況

36

多餘無益的發言

你是姊姊（哥哥）啊！

←

增進彼此理解的發言

對不起喔，讓你一直忍耐！

強硬灌輸「身分意識」會使得孩子不敢說出真心話，建議營造孩子想說什麼都能輕鬆說出口的環境。

當你希望孩子保有身分意識以及責任感時，會以什麼方式傳達給孩子知道呢？基本上，**身分意識和責任感都應該由孩子自己一步一步地學習，父母越是強硬灌輸，越容易引來孩子的反感。**「**你做到了呢！**」父母若是採用這樣的說法，僅針對行為表示認同的話，孩子就不會產生反感。

反之，若採用「妳是姊姊，就多讓弟弟妹妹一點」、「你是哥哥，要多忍耐」這種與他人有所差別、試圖灌輸身分意識的說法，會對個性與人格的形成造成不良影響。當對象換成大人時，「拜託你有點課長的威嚴」、「當部長就要展現像部長的工作態度」之類的話，也是會構成職權騷擾的問題。

經常被父母硬性要求扮演某種身分的孩子，會具有強烈的「壓抑傾向」，成年後也會一直在意他人的要求，而對自己的心情視而不見。若是一直壓抑真正的心情，久而久之，就會變得自己也不知道自己想做什麼，逐漸失去情緒的感受能力。

為了避免這樣的狀況發生在孩子身上，必須**營造讓孩子可以輕鬆說出真實心情的環境。**舉例來說，如果是一個會為了讓父母安心而忍耐的孩子，只要對他說：「**對不起喔，讓你一直忍耐！**」孩子就會感受到父母確實理解他的心情，而能夠坦率接受道歉。

還有一點也很重要，父母不應該強硬灌輸價值觀，要求孩子表現什麼，而是應該對孩子說：「**你如果有什麼話想說，可以老實說出來沒關係！**」騰出時間與孩子一對一交談，也是個有效的方法。

狀況

37

◎ 增進彼此理解的發言

要珍惜自己喜愛的事物喔！

← 

✕ 多餘無益的發言

你是女生（男生）耶……



刻板印象會導致父母依性別不同而妄下結論，

應該讓孩子自由選擇喜愛的事物。

包含我在內，很多父母應該都屬於成長時期會被說「妳是女生耶」、「你是男生耶」的世代。其中不少人明明自己小時候也很排斥聽到這類話語，但為人父母後，卻會不經意地做出相同發言。

「妳是女生耶，不要穿那樣的衣服！」、「你是男生，不可以這麼愛哭！」成長路上被這麼要求的孩子，長大之後，會變得即便有自己喜愛的事物或想做的事，也會感到遲疑而自動喊停。

父母的洗腦能力強大，除非能夠無時無刻地警惕自己，否則難以擺脫父母從小灌輸的觀念。長大之後，我們會在無意識之間被上一代的傳統價值觀牽著鼻子走，不管是生活還是工作，也會變得容易自我設限。

說起來，「要表現得像〇〇」是主觀的刻板印象，父母不應該強勢要求子女必須符合該形象。**孩子有自己做選擇的自由，為人父母應該教導孩子珍惜自己喜愛的事物才對**。但願父母不要因為性別不同而做出差別對待，而是引導孩子能夠透過自己所選擇的事物，展現出魅力以及才華。

萬一孩子感到迷失時，也請在尊重本人的前提下，告訴孩子：「**要珍惜自己喜愛的事物！**」、「**要做自己真正想做的事情！**」、「如果換成是媽媽（爸爸），我會怎麼做？」**當孩子主動開口詢問時，父母也可以大方表達自己的意見，但請不要試圖說服孩子接受你的想法。**

狀況

38



✕ 多餘無益的發言

你只要乖乖聽話去做就好。

←

◎ 增進彼此理解的發言

媽媽（爸爸）覺得這麼做比較好，你自己想怎麼做呢？

父母的洗腦大多會造成不良影響，請接受「親子有所差異」的事實。

很多父母不希望孩子嘗到失敗的滋味、或是愛子心切想引導孩子往正確的方向前進，試圖讓孩子凡事都按照自己的話去做。在孩子成長到九歲之前，多半會聽從父母的話，因此有些父母會以為這樣的狀況將永遠持續下去。

如果說，洗腦可以對孩子帶來加分效果，或許也不全是一件壞事。不過，長大成人後，因為生活不易或人際關係而陷入苦惱的人當中，有不少人的苦惱是來自於從小被父母灌輸的價值觀和想法。可見孩童時代若受到扣分效果的洗腦，將會對人格的形成產生莫大的影響。

親子之間雖然血脈相連，但彼此是「獨立人格」。因此，父母在做出判斷時，請避免以「你只要乖乖聽話去做就好」的說法，單方面地下定論。**「媽媽（爸爸）覺得這麼做比較好，你自己想怎麼做呢？」**如果能夠像這樣，**在給予建議的同時，也能詢問孩子的意見是比較恰當的方式。**

若凡事都依父母的主見做出決定，會使得孩子放棄思考。為了讓孩子學會自立，父母應避免教育出「少了父母便一事無成的孩子」，而是要教育孩子成為「即使少了父母，也能自己思考並做出決定的孩子」。**強制規定或強迫的做法會造成反效果**，切記要聆聽孩子的意見，即使彼此意見不同，也要在接受孩子的意見之下，互相溝通。

狀況

39

多餘無益的發言

我以爲你會很開心，才硬擠出時間帶你來玩。

←

增進彼此理解的發言

這裡好像沒有想像中的好玩喔。

要求孩子回應父母的期待並不合理，
建議不執著「過去」，針對「未來」提出建議。

當父母為了孩子設想而做出某些行動，卻沒能得到期待中的反應時，肯定會感到失望吧！例如帶孩子去主題樂園玩、期待看見孩子的開心笑容而買了禮物、特地為孩子做了愛吃的料理……對於反應抱著越高的期待，若看見孩子做出任性表現時，父母就會越容易心情煩躁。

不過，單方面地向孩子索討回報的想法並不合理。**父母的選擇不見得一定就是孩子所期望的選擇。**明知如此，大人卻抱著「都是你害我心情不好」的想法，把所有責任都推給孩子，其實是一種道德騷擾的行為。

舉例來說，帶孩子出遊卻發現孩子興致缺缺、意興闌珊時，不妨試著坦率地詢問孩子：「**怎麼樣才可以讓你玩得比較開心？**」當父母本身也覺得出遊地點不如預期時，只要老實傳達心情說：「**這裡好像沒有想像中的好玩喔。**」這麼一來，心裡也比較不會留下疙瘩。

「不論帶你到哪裡玩，你都不滿意吧！」、「反正媽媽買的東西，你一下子就會玩膩！」若是選擇像這樣挖苦孩子，只是會讓孩子內心受創而已。如果能夠**不執著於「過去」，而是與孩子針對「未來」討論改善方案，彼此的心情也會隨之變得正向。**

對他人抱以期待、以「他人為主軸」而採取行動會讓人感到疲憊，即使身為父母，也請好好珍惜自己，做自己會覺得開心、以「自己為主軸」的事情。

狀況

40

多餘無益的發言

✕ 眞佩服你可以這麼不在乎。

←

◎ 增進彼此理解的發言

希望你可以轉換一下心情，不要太難過。

不要自以爲了解孩子的心情，

應該設法貼近孩子無法表達的心情。

碰到狀況時，個性沉穩、做事慢條斯理的孩子，總是容易給人不以為意的印象。不過，這說不定只是外表看起來的印象，孩子內心其實也深受打擊而失落不已。尤其是在學業或才藝學習等方面，當孩子以自己的方式付出努力卻沒能得到好結果時，孩子本人應該是最不甘心的。

在這種時候，孩子如果聽到「真佩服你可以這麼不在乎」、「你是不是想得太天真了」這類的話語，會覺得自己被誤解而受到更重的打擊。相較之下，如果對孩子說：「**希望你可以轉換一下心情，不要太難過。**」孩子想必就能感受到父母的陪伴與支持。

當自己的行為被父母瞧不起、輕視，或是被強迫反省時，孩子會覺得父母無法接受真實的自己，變得即使有話想說也會忍住不說。這對於未來必須面對各種人際關係的孩子來說，是有害而無益。

**為了幫助孩子成長，建議父母要把目光看向未來**，以「**你覺得接下來要怎麼做比較好？要不要陪你一起想想看？**」的說法與孩子互相討論比較好。畢竟**孩子還無法順利把所有想法都化為言語表達出來，理想的做法會是由父母來設法貼近「孩子無法表達的心情」**。

不論表現好或表現不好，父母都願意接受真實的我，一旦孩子擁有越來越多這樣的體驗後，未來自然也會寬容對待他人。

狀況

41

✕ 多餘無益的發言

你要這樣整天玩耍，無所事事到什麼時候？

←

◎ 增進彼此理解的發言

你對未來有什麼想法？

孩子自身也無所適從時，就陪著他一起思考，
建議透過日常的交談，讓孩子保有問題意識。

當孩子升上高中或大學後，父母會開始擔心孩子的未來出路、就業。這時如果看見孩子只顧著玩耍，整天無所事事，父母會想要訓一訓孩子也是人之常情。「你要這樣整天玩耍，無所事事到什麼時候？」、「真不知道要等到什麼時候，你才會有幹勁？」或許父母會自認是在激勵孩子而給予當頭棒喝，但這些話語純粹是在挖苦孩子。

以比例來說，不知道自己想做什麼的孩子本來就比較多，孩子可能只是還無法定下目標而已。因此，父母可以先試著詢問孩子：「**你對未來有什麼想法？**」倘若孩子還沒有任何想法的話，不妨**藉由「你喜歡什麼？」、「什麼事情會讓你覺得開心或感興趣？」的問法，來尋找交談的切入點。**這時如果孩子說出什麼具體內容，就陪著孩子一起思考，設法把話題延伸到未來想做的事情上面。

如果身為父母的你，對孩子抱有某種期望，不妨坦率地告訴孩子。**在表達期望孩子怎麼做時，請記得也要說明為何會有這樣的想法。**假設孩子擁有夢想，想要從事配音員或漫畫家等必須具備特殊才能的職業時，可以讓孩子去調查怎麼做才能夠實現夢想，或是說明父母在經濟上能夠提供支援到什麼程度。這麼一來，「未來」就會變得具有真實感。

孩子本身也會遲疑，或是有自知之明，知道自己擅長與不擅長的事物。目標或出路不是說決定就能夠馬上做出決定的事情，平常有機會就拿出生涯規劃等話題，與孩子多聊一聊也十分重要。

狀況

42

多餘無益的發言

就知道你一定考不上。

←

增進彼此理解的發言

你覺得要怎麼做，下次才能順利考上呢？

「低估」孩子會使得孩子漸漸失去自信，
應該協助孩子從失敗中獲得學習。

「就知道你沒那能力。」對孩子來說，沒有什麼比被父母貶視更加難受。「就知道你一定考不上。」、「你就是因為複習得太少，才會這樣！」、「你根本沒辦法靠自己讀書。」父母如果像這樣低估孩子，會降低孩子的自我肯定感。

「反正你做了也是白做」的「反正」也是「黑名單字眼」，它會讓孩子養成「反正做了也是白做」的心態。就算孩子確實不夠努力，也不要以「就說你沒能力」等說法否定孩子。「**你覺得要怎麼做，下次才能順利考上呢？**」、「**為了下次能夠順利考上，我們來好好計畫一下吧！**」請像這樣發言，以能夠讓孩子產生鬥志迎接下一次挑戰的態度來進行對話。

「媽媽（爸爸）對你根本不抱以期待。」、「誰會接受一個拿不出成果來的孩子！」切記不要以這類說法斷定孩子的能力極限，請引導孩子在即使不順遂時，也能夠視其為通往成功之路的過程。

容我再次強調，**可以接受失敗，並且能將失敗視為寶貴經驗的「過程主義者」，在長大成人後會具有高抗壓性，也不會輕言放棄。**為了讓孩子步上這條軌道，必須有父母的協助以及支持。**不要譴責做不到的事，而是設法增加做得到的事。**請父母以這樣的觀點，抱著「直到孩子學會自立之前，都會與孩子在同一條船上奮鬥」的心態給予協助。這麼一來，漸漸地，孩子就會懂得自己思考如何解決問題。

狀況

43

多餘無益的發言

✕ 媽媽（爸爸）來幫你做好了！

←

增進彼此理解的發言

◎ 你先自己做做看，有困難時，媽媽（爸爸）會一起幫忙的。

「過度保護、過度干涉」會阻礙孩子學習自立，

在父母有能力幫忙善後的前提下，不妨讓孩子多體驗失敗。

隨著成長，孩子總有一天將面臨必須自己擬定計畫、安排行程，學會自我管理的時期。在小學低年級以前，很多孩子還做不到自我管理，所以必須由父母來代勞。不過，升上高年級以後，就要開始慢慢訓練孩子學習自我管理。

「媽媽（爸爸）來幫你做好了！」在父母眼中，孩子永遠是最可愛的存在，所以有時會藉由協助孩子而得到自我滿足，或因此感到開心。不過，父母的這般舉動純粹是把孩子當成利用對象，來滿足自我欲望。這就是所謂的「過度保護、過度干涉」，也是阻礙孩子學習獨立的行為。

**建議父母應該讓孩子做各種嘗試，促使孩子藉由反覆「嘗試與錯誤」的動作來確認自己該怎麼做才會成功**，唯有這麼做，最終才能真正為孩子帶來好處。「**媽媽會在旁邊看，你試著自己做做看。**」、「**你先自己做做看，有困難時，媽媽（爸爸）會一起幫忙的。**」只要記得這麼告訴孩子，孩子就能夠安心地接受挑戰。

凡事由父母代勞的孩子，在長大出社會後，有可能會變得極度害怕失敗，一旦面臨失敗就會陷入恐慌。建議在父母有能力幫忙善後的前提下，盡量讓孩子多多品嘗失敗滋味，養成「可適應失敗」的體質。**一方面體驗無數的小失敗，另一方面也同時累積成功經驗，孩子將會變得越來越有自信。**

狀況

44

◎ 增進彼此理解的發言

媽媽（爸爸）希望你可以做到○○

←

× 多餘無益的發言

爲什麼你每次都這樣？



「否定、否認、要求」無法發揮任何效果，

請以「肯定句」或「我訊息」來傳達想法。

孩子到了青春期時，父母看不慣其態度或言行舉止的狀況會增加。當父母想要糾正孩子平時的言行舉止時，該怎麼對孩子說比較好呢？

基本上，對於表示「否定、否認、要求」的話語，孩子大多無法坦率接受。「為什麼你每次都這樣？」、「拜託你不要一張臭臉。」、「你連打招呼都不會嗎？」或許父母是抱著勸戒孩子的心態而說出這類話語，但這麼說只會讓孩子產生反感。

**請拋開「孩子就應該這樣」的武斷想法**，在這個前提下，建議以傳達「我訊息」的做法更能發揮效果，像是對孩子說：**「有人向你打招呼時，媽媽（爸爸）希望你也可以回一句『您好』。」**、**「媽媽（爸爸）希望你可以做到〇〇。」**、**「媽媽（爸爸）覺得那樣做不是良好的態度。」**

此外，**請提醒自己不要以否定句要求孩子「不要做〇〇」，而是以肯定句告訴孩子：「記得要做〇〇喔！」**即使對於孩子的裝扮或興趣有看不慣之處，也不要依父母的價值觀，說出「你穿這樣很奇怪」或「真是沒品味」之類的否定話語。以**「穿這件比較好看」**、**「這件衣服你穿起來很好看」**的說法表達正面的想法，孩子會比較容易坦率接受。

當然，如果孩子對他人造成困擾或表現出失禮的態度，確實是應該給予糾正。不過，若狀況並非如此，卻單方面地妄下結論，恐怕只會讓孩子覺得父母很囉唆，最終什麼也沒有獲得改善。

狀況

45



× 多餘無益的發言

你這樣賣弄性感，太不知檢點了！

←

◎ 增進彼此理解的發言

媽媽（爸爸）不太喜歡那樣的衣服

藐視孩子會讓孩子內心受創，

請以「我訊息」傳達父母的意圖以及擔心的原因。

孩子成長到國、高中生的年紀後，開始會關注裝扮、美容。這年紀也開始意識到異性的存在，因此有些孩子會對暴露的服裝或款式花俏的裝扮產生興趣。

對孩子來說，這也是一種經驗，是成長必經的階段。原則上，建議父母還是在一旁默默守護會比較好。如果真的覺得看不下去，也請以「我訊息」，像是「**媽媽（爸爸）不太喜歡那樣的衣服耶**」、「**我覺得你比較適合穿這類型的服裝**」的溫和說法傳達給孩子知道。

「你為什麼要打扮成這樣？」、「你喜歡這麼花俏的衣服啊？」這類說法屬於「你訊息」，會讓對方被認定「應保有〇〇形象」，有種自己受到譴責的感覺。

「你這樣賣弄性感，太不知檢點了！」這類藐視話語尤其會傷到孩子。我有個朋友就遭受過這樣的經驗，這位朋友在高中時，穿著領口大開的襯衫準備出門，因為父親說了一句「低俗下流」而內心嚴重受創。傷口之深，使得我的朋友即使長大成人後，仍揮不去那段記憶。

穿著過於暴露的服裝很容易被人以帶有情色的目光看待，相信父母的舉動多是出自於關心，擔心孩子受到色狼攻擊或被捲入犯罪案件。這時只要**記得說出擔心的「原因」，孩子想必也能夠接受**。此外，強制要求孩子的打扮必須像個女生或像個男生的做法也不太好。

**建議在傳達意見時，盡量尊重孩子本人的喜好，同時也考量到父母本身的想法。**

狀況

46

多餘無益的發言

太慢了！你是烏龜啊？

←

增進彼此理解的發言

你可以走快一點嗎？

針對「行動」，而不要針對「個性」發言。

若說話傷了孩子就主動道歉，設法讓自己保有從容的心態。

因個性上的差異，有些人性子急，有些人則是慢郎中；有些人不論做什麼都小心謹慎而行動緩慢，有些人則是習慣一定要迅速解決事情才行。每個人的說話方式或走路姿勢也是有各自的風格，若是予以否定，很容易演變成「否定人格」。

有些孩子走路速度慢，如果父母希望他加快腳步時，不妨以「**時間快來不及了，你可以走快一點嗎？**」的說法來催促孩子加快動作。「太慢了！你是烏龜啊？」千萬不能以這類發言來譴責、鄙視孩子。「你是笨蛋嗎？」、「你說謊！」、「你真是窩囊！」有些人會因為看不慣孩子的行為，而像這樣任憑情緒宣洩地口出惡言。這些人在職場或家中也會忍不住口出惡言，最後可能因此害得某人內心受創，或因騷擾而被起訴。

**當自己的為人或價值遭到否定時，人們的內心會嚴重受創。**孩子就更不用說了，他們的受創程度會比父母想像中的更加深刻，也會產生「我沒有價值可言」的想法。說起來，容易口出惡言的人大多是因為情緒緊繃而缺乏從容度。他們表現得情緒化，而沒有餘力顧慮到對方會不會感到受傷。

因此，**萬一不小心傷了孩子的心時，哪怕已經過了一段時間也無妨，請坦率地表達歉意**：「**對不起，剛剛媽媽（爸爸）一下子就火氣冒上來。**」或是藉由轉換心情等方式，設法增加開心的親子時光，也是控制情緒的好方法之一。

狀況

47

多餘無益的發言

你以爲是誰在辛苦賺錢讓你有飯吃！

←

增進彼此理解的發言

體諒媽媽（爸爸）也很辛苦好嗎？

炫耀掌控權並無法解決問題，
父母不妨吐露眞心話或示弱，與孩子拉近距離。

看見惹人憐愛的孩子態度變得叛逆時，父母難免會感到困惑而不知所措。親子之間起爭執時，也可能會忍不住變得情緒化，進而說出「你以為是誰在辛苦賺錢讓你有飯吃！」的發言，試圖讓孩子屈服。這是以「權力關係」為前提，不讓對方有機會表達意見的發言，聽者往往是無法反駁，同時心理上受到壓迫，甚至會自覺窩囊。不僅如此，這樣的發言也不會讓情況好轉，親子關係反而會因此更加惡化。

**孩子進入叛逆期是一種健全成長的表徵**。孩子可能因為在外面沒能夠暢所欲言，導致在家中的態度變得具有攻擊性，這也是常有的現象。話雖如此，如果孩子真的表現出讓人無法睜一隻眼閉一隻眼的不佳態度時，不妨以真心話直接對孩子說：「**體諒一下媽媽（爸爸）也很辛苦好嗎？**」

自己深愛的子女表現出反抗態度時，父母多少會受到打擊，因此父母也容易陷入精神緊繃的狀態。這時若是一直壓抑而不斷累積不滿或不安的情緒，最後有可能會壓抑不住而導致情緒失控。

為了避免這樣的事態發生，**父母不妨向孩子示弱求救**。「**媽媽真的很累，希望你可以幫忙做○○**」、「**爸爸在工作上因為△△，其實也很辛苦。**」只要像這樣向孩子示弱，相信孩子的反抗心也會隨之減弱。

狀況

48

多餘無益的發言

是你不對吧！

←

增進彼此理解的發言

可不可以告訴媽媽（爸爸），你的想法？

意見對立時，不以勝負來判斷，
建議以「對等的角度」與孩子溝通，取得相互理解。

隨著成長，孩子會開始懂得表達自己的想法和意見，也會提出自我主張。孩子與父母的意見、想法有所不同的狀況，自然也會因此增加。尤其是從小一直按照父母的要求，努力讀書或學習才藝的孩子，很多甚至會開始提出反抗意見：「都是爸媽逼我去做我不想做的事！」

「媽媽（爸爸）又沒有錯，是你不對吧！」這時父母如果採取這種自我防衛的發言，並非明智之舉。基本上，**親子間所發生的事情並不能以「不是你錯、就是我錯」為基準，因為雙方都參與其中。**明知如此，卻把一切責任都推給對方的態度，可說欠缺了體貼心。

當雙方意見對立時，必須為了取得相互理解而讓步。若是拘泥於爭論誰對誰錯，或認為誰先道歉就輸了，將無法達到真正的交談。**想要做到互相溝通，必須以言語先把想法傳達出去，才有可能知道彼此的主張。**除此之外，**營造「願意傾聽對方話語」的氛圍也同樣重要。**如果只顧著提出自我主張而無心聆聽對方的說詞，何來的理解機會？雙方只會永遠處在兩條平行線上。

此外，不管怎麼樣，父母的立場都是居上，因此有必要提醒自己以對等的態度與孩子交談，像是**「可不可以告訴我，你的想法？」**、**「媽媽（爸爸）知道自己也有不對的地方。」**請在傾聽孩子的主張之下，也傳達父母想表達的想法，致力於做到雙向互動。

狀況

49

多餘無益的發言

拜託不要做那麼無聊的事！

←

增進彼此理解的發言

你是怎麼樣的想法？

有些事即使父母無法理解，對孩子卻具有意義。
認同與子女的差異，並在生活中慢慢累積信賴。

看在父母的眼中，或許會覺得莫名其妙且難以理解，但孩子的多數舉動對本人而言，都具有意義。有些事即便不具有意義，孩子也可能因為有自己的堅持而刻意做出該舉動。例如上下學途中一定要經過某條路才肯罷休、不願意割捨喜歡的玩具、換衣服時一定要先穿襪子……。

父母因為無法理解便針對這些舉動，以指責孩子的口氣說：「無聊！」、「你到底想怎樣？」或是不分青紅皂白地出聲譴責，將會使得孩子變得畏縮。導致孩子即使有真正想做的事，也會有所顧慮而選擇放棄。

**「你是怎麼樣的想法？」**、**「你想做什麼？」**當孩子準備採取什麼行動時，請父母像這樣詢問孩子的意圖，盡量**不要單方面地限制或排除孩子的行動，建議把它視為可得知彼此在價值觀與想法有所差異的好機會**，相信將會發現孩子個性和特質的嶄新面貌。

「當初因為父母反對，我才沒能做自己想做的事。」、「我的人生不應該是這樣子。」即使已經長大成人，還是有人會像這樣心懷怨恨，一直陷在苦惱之中。甚至有人會重演自己當初所受到的對待，試圖排除與自己價值觀不合的人而引發職場騷擾問題。

**即使是親子，彼此也是「各自獨立的個體」，請父母認同與子女的差異。**透過日常生活，逐漸了解和尊重雙方的差異，對於培養親子的信賴關係，可說是相當重要。

狀況

50

多餘無益的發言

眞不敢相信，我竟然會教出你這樣的孩子！

←

增進彼此理解的發言

媽媽（爸爸）會尊重你的選擇。

遭到父母全面否定的孩子會痛苦一輩子！
不論發生任何事，請給予孩子百分百的肯定。

在提供諮詢服務時，我經常詢問：「你覺得父母說過什麼話，最讓你傷心？」我得到的答案包括「真不敢相信竟然會教出你這樣的孩子」、「早知道不要把你生下來就好了」、「當初要不是不得已，我根本就不想生小孩」、「沒想到你會變成這樣」等等。

或許程度上有所差異，但這幾句話都有一個共同點，就是「全面否定孩子的存在」。一個人如果受到這類的言語攻擊，將會懷疑自己沒有活在這世上的價值而苦惱一輩子。當中也有不少人被揮之不去的自我否定感持續糾纏，最後選擇自殘或自殺的例子。

對於父母的存在，孩子會期望即便自己與全世界為敵，父母也會願意保護他、認同他。因此，**身為父母最應該重視的是，不論發生任何事，都能無條件地接受孩子的存在，並且給予肯定。**

**「媽媽（爸爸）會尊重你的選擇。」**、**「你是你，只要做原本的自己就好了。」**哪怕孩子做出與父母想法背道而馳的行為，父母也應該展現出守護孩子的寬容態度。這麼一來，就能夠帶給孩子自信心以及安心感。

反之，「因為生了你，我才沒辦法去做自己想做的事。」這種推卸責任的發言，會成為束縛孩子的枷鎖。「子女是父母的一面鏡子」，**否定子女也等於是在否定自己，若能夠百分百地肯定孩子，父母本身也會更能夠接納自我。**

狀況

51

✕ 多餘無益的發言

沒那回事，我們家孩子其實很笨的。

↓

◎ 增進彼此理解的發言

謝謝誇獎，他真的很努力。

孩子被稱讚時，請坦率接受。
間接認同，是提升孩子自我肯定的良機。

很多東方人都有「被人稱讚時，表示謙虛是一種美德」的成見。倘若是自己被稱讚，哪怕再怎麼謙虛也不會造成他人的困擾。不過，**如果是在人前為自己的子女表示謙虛，將會傷害到子女。**

「〇〇同學這次考試真的表現得很好。」當聽到老師稱讚孩子時，如果在孩子面前回答：「沒那回事，我們家孩子其實很笨的。」大家覺得孩子會有什麼感受？即便父母只是在表示謙虛，還是會讓孩子不安地心想：「媽媽（爸爸）其實不覺得我表現得很好。」

「他每次都會精神奕奕地向我打招呼，真是個好孩子！」孩子被這麼稱讚時，如果謙虛地回答：「您過獎了，這孩子只是在裝乖而已。」其實是否定人格的行為。

「**謝謝，真開心能夠得到您的誇獎**。」如果像這樣坦率地表達喜悅心情，孩子會產生什麼樣的情緒呢？**被某人稱讚，加上父母附和該意見的雙重認同，是最能夠提升動力的「間接認同」，孩子的自我肯定將會大幅提升**。對稱讚者來說，比起誇大地否定孩子來表示謙虛，坦率接受誇獎的態度也更能夠留下好印象。

也有父母會因為太開心孩子被稱讚，而反過來自誇孩子，這時切記以「蜻蜓點水式的簡短自誇」為最大原則。對於可以向他人分享孩子的事情到什麼程度，這部分也請事先向孩子本人做好確認，避免日後招來不必要的麻煩。

# 保有「傳達自我心情的時間」以及「一人時間」

**遇到傷心或厭煩的事情時，只要向家人或朋友吐露心情，就會覺得快活一些**，相信很多人都有過這樣的經驗吧？

只不過是向某人吐露心情，即使現狀並不會因此有任何改變，還是會產生「心情變得平靜」、「身體放鬆下來」的效果。這樣的現象被稱為「心靈淨化作用（Catharsis）」。

只不過是吐露心情，為什麼能夠得到淨化作用？原因是向某人傳達肉眼看不見，也不具形體的自我心情時，自身會在內心針對究竟發生什麼事？依照時序地仔細回想，或逐一尋找符合此刻心情的情感表達字眼，而這些動作本身等於是在整理自我心情。

**在重新感受所發生的事件，並以言語具體呈現出自我心情的過程中，自我想法會變得明確，進而能夠以客觀的角度來看待狀況。**

向人吐露心情的舉動可延伸到自我回顧，對於整理心情大有幫助。最有效的是，回家後向家人描述當天發生過的事。描述時只需要單純回顧當天，像是「我今天遇到〇〇事」或「因為這樣讓我有了〇〇想法」之類的內容便已足夠。

正因為如此，聆聽孩子說話才會那麼地重要。

另一方面，不與任何人交流的「一人時間」也可以轉換心情，可產生極大的放鬆效果。藉由**讓自己置身於不需要在意他人眼光的一人世界，能夠帶來自我療癒以及清理整頓心情的雙重效果。**不與任何人有所交集的時間，也是促使心靈變得豐富的重要時間。

**「在與某人共處下，吐露自我心情的時間」以及「不與任何人交流、獨自度過的一人時間」，兩者都是維持健康心靈不可或缺的時間。**請大家重新審視日常生活，讓自己能夠保有如同雙輪般，各自轉動的兩種時間。

# 第5章 學業、才藝學習、未來出路

九歲前的孩子很難依照自我判斷採取行動，因此必須有父母的引導。過去，我在補習班負責指導小學生時，大家也會說：「小朋友在三年級（九歲）之前都是由父母負責教育。」不過，過度或強迫性地要求孩子讀書或學習才藝並非好事。

孩子年滿十歲之後，會隨著身心發展而萌生自我意識，這時更需要尊重他們的想法。父母應盡量與孩子一起討論如何取捨、選擇，也可以提供資訊或增加不同的體驗，藉此讓孩子對各種不同的事物產生興趣，這點非常重要。

孩子會因為得知某事物而產生興趣，進而關注該事物，請多給孩子一些能夠激發好奇心的機會。當選項變多時，孩子漸漸就會懂得自己動腦思考並做出判斷。

請父母在傳達自己的想法時，也能協助孩子做出最適合本人的選擇。哪怕做錯了選擇，只要能夠予以挽救，也可成為寶貴的經驗。切記不要把重點放在修正孩子的負面表現，應該著重在如何更進一步發揮正面表現。這麼一來，孩子的自我肯定就會提升，也會有勇氣接受下一個挑戰。

你不是快要考試了嗎？
發愣
嗯～
還不快去讀書！
不要拖拖拉拉！
好啦好啦～
推開
人家就是不想讀書嘛～
一起來讀書吧！
爺爺也會很認真喔！
絕對不會輸你的！
好！來讀書吧！

狀況

52

多餘無益的發言

還不快去讀書！

←

增進彼此理解的發言

一起來讀書吧！

孩子被「命令、硬性規定」，就會失去幹勁，

請帶著「一起努力」的意圖向孩子提議。

「還不快去寫功課！」人氣卡通《哆啦A夢》裡的大雄總是這樣挨媽媽的罵，相信很多父母就像大雄的媽媽一樣，為了讓孩子用功讀書而勞心費神。不過，**父母的硬性規定或強迫所帶來的「被迫感」越是強烈，孩子就越容易失去幹勁。**

若是對一個低年級的孩子要求他用功讀書，他可能不知道具體該做些什麼；等到升上高年級，孩子又容易變得反抗命令。這麼一來，孩子很可能對自己擅長的科目也會感到厭煩。其實大人也一樣，如果被人以高高在上的態度命令做某件事，即使心裡明白必須做，也會感到煩躁。

孩子的心態也是如此，比起單方面被「命令、硬性規定」，**當父母帶著「一起努力」的意圖做出提議時，孩子會比較容易產生幹勁。**比方說，**「一起來讀書吧！」**、**「一起在七點前把功課完成吧！」**雖說「一起努力」，但父母不見得一定要幫孩子看課業看得非常仔細。父母可以在孩子身邊工作或幫孩子準備茶水，只需要在相同空間裡陪伴孩子就好，推薦大家可以選擇「客廳學習」。**「有不懂的地方再問媽媽（爸爸）喔！」**只要這麼告訴孩子，孩子就能夠安心地投入學習。

**在低年級時，建議先幫孩子做準備、安排優先順序比較好。**只要定下每天要做多少學習的規則或計畫，就能夠以**「今天幾點開始讀書好呢？」**的說法，很自然地帶入課業的話題。在這樣的模式下，孩子也會比較容易切換心情，請大家嘗試看看！

狀況

53

多餘無益的發言

你還沒寫完功課嗎？

←

增進彼此理解的發言

一起努力在晚餐前把功課寫完！

傳達具體的行程給孩子知道，
在「有所期待」的狀況下，較容易產生幹勁。

「你還沒完成嗎？」、「你要拖到什麼時候？」、「動作快點！」當孩子正努力做著自己該做的事情時，如果一直受到催促，反而會失去幹勁。當然，孩子完成該做的事情之後，肯定還有其他像是用餐、洗澡等行程，**比起催促，直接向孩子預告行程，效果更好**。

如果希望孩子在晚餐前寫完功課，就對孩子說：「**一起努力在晚餐前把功課寫完！**」如果是準備外出，就對孩子說：「**我們○○點要前往△△，在那之前，一起完成今天的複習進度吧！**」建議可以透過這樣讓孩子掌握具體的行程。若是接下來沒有任何行程，純粹因為在意孩子的學習進度而出聲干涉，孩子有時可能會受不了被監視的壓力，而想盡辦法偷懶不被父母發現。

當孩子處於遲遲無法專注於學習，一直坐在書桌前拖拖拉拉的狀態時，不妨提供用功讀書後的期待事物，孩子比較容易提起幹勁。「**讀完書之後可以玩○分鐘遊戲**。」、「**等你寫完功課後，我們就出去玩！**」、「**等你寫完這份講義後，就來吃點心吧！**」可以像這樣**一邊斟酌孩子的想法，一邊預測並安排孩子會喜歡的行程**。若能引導孩子產生想要早點完成任務的意願，就太完美了。

孩子還是小學生的期間，父母有必要為孩子管理行程，但**升上國中後，請配合孩子的能力和個性與本人互相討論，促使孩子自主性地安排學習計畫**。若能這麼做的話，孩子比較能夠脫離「父母不催促就不讀書」的狀態。

狀況

54

多餘無益的發言

你輸給○○同學不會不甘心嗎？

←

增進彼此理解的發言

我們來定下一個目標吧！

試圖刺激孩子「與他人做比較」的發言並不恰當，應把焦點只放在孩子身上，提出具建設性的建議。

**「我們來複習答錯的題目吧！」**、**「我們來定下一個目標吧！」**如果聽到這樣的話語，孩子即便成績不好，也會覺得父母只把焦點放在他身上，給予他支持的力量。然而，有些父母會希望孩子產生強烈的不甘心，選擇拿孩子與他人做比較，試圖激勵孩子的鬥志。

我本身也有過被父母做比較的經驗，所以能夠體會那種感受，但感到不甘心的其實是父母。**想要藉由比較讓孩子本人感到不甘心的做法，只會帶來反效果。**「你輸給○○同學不會不甘心嗎？」、「真佩服你可以這麼不在乎。」孩子聽到越多這類的話語，心裡就會越有壓力，也會產生受到父母控制的被威脅感。這麼一來，孩子的心就會離父母越來越遠。

如果孩子本人抱有「我絕對不想輸給那位同學」的競爭意識，相信不需要父母多說，孩子也會有不甘心的感受。

在這樣的狀況下，父母的激勵只會形成壓力，**建議採用「我們來定下一個目標吧」、「一起來思考該怎麼做，才能學得好？」的說法，與孩子一起討論如何針對行動進行具體改善。**

父母擅自拿孩子與他人做比較，並試圖照自己所願地操控孩子，這樣的做法不能為孩子帶來什麼好處。若能夠換成**只把焦點放在孩子身上、不與任何人做比較**，盡量給予孩子針對未來的建設性提議，孩子的心情也會比較容易變得積極正面。

狀況

55

多餘無益的發言

媽媽（爸爸）難得幫你買了書，還不快去拿來閱讀！

←

增進彼此理解的發言

要不要一起來看上次買給你的那本新書？

「施與受」的要求只會帶給孩子壓力，
購買東西給孩子，同時也要指導如何使用。

新買的書籍、玩具、學習用具、衣服……總是過沒多久，孩子就不愛使用了。於是付出勞力購買或承受金錢負擔的父母，就會開口說出「媽媽（爸爸）難得幫你買東西耶！」這樣的話，父母認為「施與受」要得到回報，於是強迫孩子接收遺憾的心情。

孩子還無法自己購買想要的東西，所以只能向父母請求。不過，如果被要求必須拿出什麼作為交換條件才符合「施與受」的話，孩子可能會變得連想要的東西也不肯開口要求，有些孩子甚至會因此變得消極，不肯採取行動。

**孩子所擁有的知識和經驗不多，有時得到物品之後，可能也不知道如何善加利用。**舉例來說，當孩子想要查什麼而拿起圖鑑時，有可能因為不知道該如何閱讀，最後只看了看圖片便闔上書本。學習用具也是，有些用具必須使用一段時間才會熟練。建議父母可以邀約孩子說：「**要不要一起來看上次買給你的那本新書？**」然後與孩子一起享受閱讀的樂趣。如果是用具，也可以陪著孩子一起使用，試看看好不好用，或是指導孩子說：「**這東西要這樣使用，效果會比較好喔！**」

「難得」、「特地」之類的字眼聽起來像是在討恩情，也會讓孩子產生「我什麼事情都必須回應父母的期待才行」，這樣的想法讓人感覺壓力沉重。與其如此，不如對孩子說：「**這樣使用會更方便喔！**」並**與孩子一起享受樂趣，孩子自然也會產生主動使用的意願。**

狀況

56

花費很多錢讓孩子上補習班或學習才藝

✕ 多餘無益的發言

你知不知道媽媽（爸爸）在你身上花了多少錢？

←

◎ 增進彼此理解的發言

媽媽（爸爸）會支持你，去做能夠做得到的事。

不要以「損益」爲判斷基準來育兒，
父母應扮演子女的支持者，爲子女加油打氣。

送孩子上幼兒園、補習班或學才藝，其實主要是父母認為這些對孩子有益。但是生氣時，卻忍不住斥罵孩子：「虧我在你身上花了這麼多錢！」反映出父母認為育兒是「投資」，希望能夠如自己所願。**父母的「為你好」其實是「為自己好」，也就是說，父母在育兒時會思考「損益」。**

如果因為孩子沒有拿出父母期待的成果，而痛罵孩子一頓或是強迫孩子做什麼的話，會對孩子造成什麼影響呢？一旦孩子被洗腦並產生「我是個沒用小孩」的想法，孩子會失去自信，也會失去自我肯定。孩子年紀還小時，或許會乖乖地回應父母的期待而繼續上補習班或學習才藝。不過，當孩子萌生自我意識後，有可能會抗拒父母一直以來的所有要求，甚至變得叛逆。

**為了讓孩子能夠自由自在地成長，父母的職責應在於盡力扮演支持者的角色**，告訴孩子：「**媽媽（爸爸）會支持你，去做能夠做得到的事。**」如果沒有實際嘗試，就算花再多錢，也不可能知道孩子能夠發揮才華到什麼程度。若孩子對某項學習興致缺缺，或是原本就不適合某方面的學習，極有可能無法持之以恆。畢竟很多大人在學英語或減肥時，也會中途而廢。

如果父母明知如此，卻還是對子女過度期待或試圖讓子女理解父母願意花錢的可貴，最後只會帶來不良影響。雖然我不反對在孩子面前提及經濟狀況，但我還是必須強調，**父母不要以金錢為理由與孩子展開拉鋸戰，選擇默默守護支持的做法，更能促使孩子提起幹勁。**

狀況

57



✕ 多餘無益的發言

既然你一直抱怨，乾脆就不要上課好了！

←

◎ 增進彼此理解的發言

你好像不太想學了，是什麼讓你覺得討厭呢？

先接納「孩子的心情」，
再進一步詢問「原因」，互相溝通討論。

孩子排斥才藝課或是想放棄學習才藝，可說是「育兒常見現象」之一。尤其是事前根本沒有詢問過孩子本人的意願，由父母全權決定的才藝學習，孩子理所當然會排斥。不過，還是**有必要釐清孩子究竟只是一時的情緒，或是真心想要放棄學習**。

不管怎樣，父母都不該因此變得情緒化，明明沒打算讓孩子放棄學習，卻威脅孩子說：「既然你一直抱怨，乾脆就不要上課好了！」、「你連樂器都忘了帶，乾脆不要學算了！」

以應對方式的順序來說，**請按照①接納孩子的心情→②確認事實→③思考解決方法→④實際採取行動的順序來應對，同時與孩子互相討論**。

舉例來說，當孩子表示「我不想去上鋼琴課」時，先接納孩子的心情回應：「**你不想去啊**。」接著再試著詢問：「**是什麼讓你覺得討厭呢？**」、「**可以告訴我原因嗎？**」

如果搞錯順序，劈頭就逼問孩子「討厭什麼？」，孩子在自己的心情未能獲得接納之前，並不敢說出想說的話。相反地，如果能夠先包容孩子的心情再詢問原因，就可以讓孩子改變心情。

**詢問原因之後，請與孩子一起思考解決方法**。如果原因在於「因為沒有練習」，就回頭檢討平日練習的狀況，視原因而定，有時也可能做出暫時停止學習的判斷。重要的是，應順著孩子可接受的方向互相討論。

狀況

58

✕ 多餘無益的發言

既然當初決定要參加，還是繼續努力一下吧！

←

◎ 增進彼此理解的發言

（在確認過原因之後）我們會優先尊重你的心情。

體諒「孩子的心情」，
先詢問孩子希望怎麼做，優先尊重孩子的意願。

當孩子突然表示想要放棄當初自己決定要參加的活動，像是國、高中的社團或持續已久的才藝學習，這時應該如何應對才好？有些父母或許會忍不住說：「既然當初決定要參加，還是繼續努力一下吧！」又或者可能會說：「至少要繼續上完已經繳了學費的課程。」

不過，如果孩子已抱有堅定的意志而拒絕繼續參與，或是孩子的心已經越離越遠時，**硬逼孩子繼續努力，只會累積更多不滿情緒。**遇到這種狀況時，同樣也是必須**先接納孩子想要放棄的心情，並傾聽原因。**在做到這些動作之後，接著必須表示諒解，比方說，「**媽媽（爸爸）會優先尊重你的心情。**」、「**你希望什麼時候結束？**」

如果孩子表現出還沒有下定論，猶豫著不知道該怎麼做才好的態度時，給一個「寬限期」也不失是個好方法。**把孩子此刻的心情視為現狀，並予以接納**，可向孩子提議說：「**那我們就在〇〇之前決定要怎麼做好了。**」、「**要不要先思考一下再做決定？**」這麼一來，孩子也會比較容易整理心情。

同時，**父母也應留意觀察有沒有其他的負面因素**。比方說，有沒有什麼讓孩子感到負擔？孩子有沒有可能心理受創？尤其在青春期，孩子也可能因為與朋友或老師之間的關係，導致敏感問題纏身。如果能夠諒解孩子的這類煩惱，與孩子一起分擔不滿或不安的情緒，將可以加深信賴關係，孩子也能夠放心地找父母商量。

狀況

59

◎ 增進彼此理解的發言

你們現在會關注哪些事物？

←

× 多餘無益的發言

我們在你這年紀的時候……

不要拿出時代背景的差異與孩子談話，

應接納孩子原有的樣貌。

隨著時代變化，孩子的世界裡越來越多父母無法理解的事物，這是無論哪個時代都會產生的現象。現在忙於育兒的父母當中，想必也有人曾經從自己的父母口中聽過：「我們在你這年紀的時候……」每次舉辦以親子為主題的講座時，大家也經常會提到類似的話題，關於「自己為人父母後，也會對孩子說一樣的話。」

「以前的時代都是這樣。」如果父母為了分享往事而做出這類發言是沒關係的，但切記不要以「我小時候都自己做便當」、「我在國中時已經會自己做家事」等發言來做比較，進而要求孩子。**既然時代背景、生活環境、成長歷程已不同，父母還拿自己當年的狀況與孩子談話，會讓孩子覺得自己「不受認同」**，可能導致孩子的反抗心變強烈，也可能因此變得自信心低落。

若對孩子有不解之處，請先展現體諒，以感興趣的態度詢問孩子：**「你們現在會關注哪些事物？」**、**「現在都流行什麼？」**交流溝通時，也不要拿自己與孩子比較，只要坦率說出意見和感想就好。**即使覺得無法理解，還是全面接納孩子樂在其中的事物，父母若能展現出這樣的態度，孩子對父母的安心感與信賴感將會提升。**

時代變遷的速度之快，有時連孩子本身也會感到糾結困惑，為人父母者若能夠不把焦點放在過去或未來，而是抱著共享「當下」的想法及心情與孩子相處，那就太好了！

狀況

60



多餘無益的發言

你以後要當〇〇！

↓

增進彼此理解的發言

你以後想要做什麼樣的工作？

父母擅自決定孩子的出路，有時是一種教育虐待。

建議提供資訊，並與孩子商量討論。

父母認為孩子什麼都不懂，便擅自決定其出路或就業公司，強迫孩子照著做的話，孩子有可能中途離職或無故曠職，最後演變成無可挽救的事態。

另一方面，就我的印象而言，**「你以後想要做什麼樣的工作？」**、**「做什麼事情可以讓你覺得開心？」**、**「原來你以後想當〇〇啊！」**如果像這樣，自我想法獲得父母尊重而被養育長大的人，多數都能夠接納自我，充滿自信地投入工作。不知道你的育兒方式比較接近哪一種呢？

硬性安排孩子的出路或就業公司的育兒方式，有可能演變成教育虐待。常見的例子有「你以後要當公務員」、「你以後要當醫生」、「你以後要去念頂大」、「除了〇〇之外，媽媽（爸爸）不接受你就讀其他學校（到其他公司上班）」。如果父母表現出只看得起特定學校或職業的態度，等於是在無形中灌輸孩子相同的價值觀，導致孩子失去朋友或惹人厭。

因為無法回應父母的期待，而在自我否定下長大的孩子，其所承受的痛苦比想像中來得強烈。不少人在身心方面都受到虐待，可見教育虐待是輕視孩子的人權、啃噬孩子心靈的行為。

**孩子的人生屬於孩子所有。當孩子無法自己做出決定時，父母只需要提供選項以及資訊就好。**試著設定一段期間讓孩子去挑戰看看，也是不錯的做法。

不管怎樣，**請父母一定要認同「最終決定權握在孩子手中」，勇於接受孩子的決定。**

狀況

61

多餘無益的發言

反正你一定做不到。

↓

增進彼此理解的發言

你打算挑戰自己想做的事情啊！

孩子若因父母的發言而失去信心，將會難以重拾自信，請認同孩子的所爲。

早在好幾年前，我便感受到「越來越多人不發表自我意見」的危機意識。當然，隨著E-mail、網路社群聊天成為主流，很多人在口語表達意見時，變得難以正確傳達語意，所以會有一開始便放棄發表意見的傾向。除此之外，很多原因是出在孩子的所為遭到父母的否定，或被父母以一句「反正你一定做不到」低估能力。

或許父母是抱著想要避免孩子失敗的想法才會這麼說，但孩子的立場會產生「媽媽（爸爸）不信任我」、「媽媽（爸爸）對我不抱以期待」的想法。這麼一來，孩子即使長大成人後，也會抱持「反正我什麼都做不到」、「不管我說什麼都會被反對」的思維，容易導致不再說出自己的意見，或是不論做什麼都無法持之以恆的傾向。

**育兒時，父母應重視的不是孩子做不做得到的結果論，而是認同孩子的正向思考以及過程。**在這樣的前提下，請對孩子說出「**你打算挑戰自己想做的事情啊**」、「**你的心願如果能夠成真就太好了**」的發言，**把重點放在未來，可以幫助孩子增添自信。**

「擔憂」、「不安」等負面字眼只會讓孩子失去幹勁。「**有什麼困難可以來找媽媽（爸爸）商量。**」父母只需要這麼告訴孩子，在一旁默默守護就好。不論好壞，父母的發言都會影響到孩子的價值觀，**請提醒自己與孩子溝通時保持樂觀的心態，才能培養孩子勇於接受挑戰的強韌意志。**

狀況

62

多餘無益的發言

這家公司聽都沒聽過，去那裡上班有什麼意義？

←

增進彼此理解的發言

你找到的是什麼樣的公司（工作）？

讓孩子決定自己的人生，
父母只要在一旁默默守護，勿強勢灌輸自己的價值觀。

一路從事諮詢工作下來，我遇到不少人因為「父母不接受我選擇的工作」、「父母不認為我是個稱職的社會人士」等原因，而變得負面消極。

近年開始，已經找到工作卻因為「父母反對」而予以婉拒的例子也變多。有些父母堅信知名企業等於好公司，若子女選擇就業於非知名企業時，就會忍不住說：「這家公司聽都沒聽過。」、「到那種小公司上班可靠嗎？」這麼一來，孩子會覺得自己受到否定。既然無法得到父母的認同，去上班有何意義？有些孩子會產生這樣的想法而變得負面消極，甚至失去工作意願。

當然，父母是為了孩子的幸福著想，才會希望孩子在知名企業工作，但就算知名度不高，還是有許多表現優良的企業。**父母必須認知到孩子所生存的時代和價值觀，都與自己的世代有所不同。**

如果擔心的話，不妨試著坦率地詢問孩子：**「你找到的是什麼樣的公司？」、「你的工作內容會是什麼？」**當孩子說出選擇該公司的理由後，就大方地表示支持吧！除非是黑心企業或觸法的不正當行業，否則絕對不要予以否定，而是要讓孩子感受到父母對其工作感興趣的態度。

告訴孩子出社會工作維生的艱辛，或讓孩子知道選擇轉行或從事副業也是一種選擇，像這樣與孩子共享資訊或給予建議並無不妥。**即便是父母，也無權干擾孩子的人生。孩子的人生決定權應該交由本人掌控，父母只需要在孩子有困擾時，再給予協助即可。**

狀況

63

✕ 多餘無益的發言

如果換成是我，才不會做那種事！

◎ 增進彼此理解的發言

（孩子告知後）原來你決定這麼做啊！

不要對孩子的事後報告給予意見或建議，請接受孩子的決定，父母也從中學習成長。

孩子事後才告知做了出乎父母預料的事

孩子開始上學或出社會工作，事後才告知自己做了某決定的狀況會增加。這是孩子能夠在不依賴父母之下做出判斷的自立表現，請先以「**原來你決定這麼做啊**」、「**這樣啊**」的說法，對孩子的想法表示尊重。如果孩子是前來商量，那當然另當別論，但如果是來告知決定事項，就代表孩子沒有想要尋求父母意見或建議的意思，孩子純粹是希望父母認同、理解其決定而已。

因此，切記不要做出「如果換成媽媽（爸爸），才不會做那種事」、「真不敢相信你會做那樣的決定」等發言來表示反對，或是牽制孩子。父母一旦表現出這樣的態度，孩子下次就不會再來主動報告。畢竟如果遭到反對，孩子也會對自己的決定失去信心或覺得不開心。

我能體會不論孩子多大，父母還是會為孩子操心的心情，但為了有助於孩子成長，請父母把想說的話吞回肚子裡，選擇接受孩子的決定。「**媽媽（爸爸）會支持你的。**」父母只需要展現守護孩子的姿態就好。

**「謝謝你願意告訴我。」當聽到孩子告知關係到人生轉機或轉換跑道等重大決定時，如果還能夠像這樣表達謝意，相信在那之後，孩子也會願意主動告知重要決定。**

父母漸漸不出手參與、不去管、不去操心孩子的事，不僅有助於孩子的成長，也是父母學習成長的必要動作。

# 第6章 交友狀況、人際關係

不論大人也好，小孩也好，若能與親近的人保有良好的人際關係，就會感覺到幸福。一個人活在世上，最重要的莫過於與朋友、老師等周遭人們之間的關係。

身為父母負起育兒的責任時，難免會因為擔心孩子受影響，而想要限制子女的交友對象。不過，依對方的家庭環境、個性、能力等條件來挑選與什麼人往來的做法並不值得推薦。「不可以跟那個小孩子玩！」、「不可以跟他交往！」如果像這樣開口限制孩子的交友對象，其實是一種歧視行為，會造成孩子心理上的極大負擔，也會帶給孩子壓力。

若對於孩子的交友狀況有所擔憂時，不妨說出擔憂的「原因」，與孩子商量討論。父母欲出手干涉子女的人際關係時，必須與孩子進行一場本人可接受的「協商」。

對成長期的孩子來說，與形形色色的人接觸，進而了解不同的價值觀以及想法，是不可或缺的寶貴經驗。若孩子能夠找到與自己意氣投合、相處愉快的同伴，擁有美好的人際關係就太好了。

媽媽～
我跟妳說喔！
今天小敏帶了新杯子到學校去呢！
真的啊～
他有拿給我看
我回來了
我也想買新杯子！
我們家是我們家，沒必要跟別人家一樣。
沒必要買杯子
不要～人家想買～
妳很想買新杯子，對吧？
爸爸！
你回來了啊
我們來想一想是不是真的需要新杯子吧！

狀況

64



× 多餘無益的發言

我們家是我們家，沒必要跟別人家一樣。

←

◎ 增進彼此理解的發言

你很想買○○，對吧？我們來想一想是不是眞的需要它。

若信念少了「一致性」，就會欠缺說服力。

先聽孩子怎麼說，設法取得彼此的理解。

「他們每個人都有，可不可以也買給我？」、「我也想買跟小敏一樣的東西。」孩子經常會這樣吵著要買別人有的東西。父母聽到要求後會納悶：「他們每個人是誰？」當中想必也有很多父母會直接拒絕：「我們家是我們家，沒必要跟別人家一樣。」、「沒有一定要買跟別人一樣的東西。」

父母若平時也是這個態度，倒還能理解，最怕是過去常說「為什麼小華考試可以拿第一名，你就不行？」、「聽說小凱考上〇〇大學呢！」的發言。**如果父母是選擇性的做比較，就會欠缺說服力。**

為了讓孩子聽話，而把「我們家是我們家」當成慣用句掛在嘴邊，只會讓孩子產生不信任感和反抗心。**如果不希望孩子習慣與他人做比較，父母自身也要展現言行一致、始終如一的態度。**

不過，孩子吵著要買東西時，有時說不定真的是必需品。遇到這種狀況時，請父母記得展現出願意與孩子互相討論的態度，對孩子說：「**你很想買〇〇，對吧？我們來想一想是不是真的需要它。**」或者也可以對孩子說：「**來制定我們家的規則吧！**」**與孩子一起決定買與不買的標準。**如果總是不由分說地拒絕孩子的要求，將會變成純粹只是在壓抑孩子。

壓抑會引來反彈，導致孩子可能會試圖在父母看不見的地方發洩悶氣。**當孩子有所要求時，背後肯定有著什麼原因，請先耐心聆聽孩子怎麼說。**只要父母能夠展現出這樣的態度，相信不論最後是接受或拒絕要求，都不會破壞親子的信賴關係。

狀況

65

× 多餘無益的發言

你在學校有沒有被同學霸凌？

←

◎ 增進彼此理解的發言

有狀況隨時可以找我們商量喔！

不要提出只能回答Yes或No的「封閉式問題」，
建議以孩子容易開口的說法切入話題。

看見新聞節目報導關於霸凌事件時，有時父母會覺得不能置身事外，而忍不住想要詢問孩子是否遭到霸凌。父母能有這樣的顧慮是對的，但如果問法不對，將會使得孩子更加難以啟口。

提出只能回答Yes或No的「封閉式問題」，是一種讓對方難以說出真心話的問法。「你在班上是不是被排擠？」、「你是不是都沒有朋友？」這些發言也屬於類似問法，同時帶有「半肯定事實」的意味，使得就算真有其事，孩子恐怕也只會支吾其詞。

**「有狀況隨時可以找媽媽（爸爸）商量！」、「如果遇到什麼麻煩，就算只是小事，也要說給媽媽（爸爸）聽喔！」**相反地，如果採用像這樣的「開放式問題」，孩子會有什麼樣的反應呢？因為是可以自由回答的問題，孩子自然也會比較容易啟口說：「可以聽我說一下嗎？」

**父母即便掛心孩子的狀況，也應該避免採用單方面下結論的說法，並謹慎挑選不會傷及孩子自尊的字眼。**在這樣的前提下，只要告訴孩子，父母已做好準備，隨時都能夠給予支援和協助。一旦孩子知道父母在守護著他，就會感到安心。

**不要過度干涉地逼問孩子或是完全置之不理，建議父母盡量維持恰當的距離，做好隨時能夠聆聽孩子說話的心理準備。**偶爾安排親子的下午茶時間或外出用餐，讓自己與孩子在令人放鬆的環境中面對面而坐，也是個讓孩子比較容易啟口的好方法喔！

狀況

66

×

多餘無益的發言

（孩子準備出門時）
你要跟誰去哪裡？

←

◎

增進彼此理解的發言

（事前）記得告訴我們，
你要跟誰去哪裡喔！

不要在孩子準備出門前展開追問，
建議在平日交談時提醒孩子，若有話想說應提早說。

孩子長大後，活動範圍拓寬，會開始到父母看不到的地方遊玩。有些父母因為掌握不到孩子的交友狀況，會擔心地問東問西，像是「你要跟誰去哪裡？」、「去哪裡做什麼？」、「幾點會回來？」這麼做容易讓孩子嫌煩，甚至會冷回：「關你什麼事！」、「跟誰出去都沒差吧！」

話雖如此，但現實世界危機四伏，為人父母還是會希望對孩子的活動行程有一定程度的掌握。如果選在孩子「正準備出門時」詢問行程，孩子可能會因為心思早已往外跑，不論問他什麼都顯得心不在焉。**建議最好選在前一天晚上或其他時間，事前向孩子提出請求：「記得告訴媽媽（爸爸），你要跟誰去哪裡喔！」孩子比較容易聽得進去，願意好好回應。**

當孩子到了就學年齡，如果怕孩子放學太晚回家會掛心的話，可以利用平時在生活中教導孩子如何防範壞人，以及避開危險地區（如行人稀少的暗巷、有不良分子出沒的鬧區等等）。任誰都不喜歡自己的活動範圍受到強制管理，切記不要限制或約束孩子去哪裡。比起孩子跟誰去什麼地方，孩子什麼都不願意告訴父母才更令人擔心。

為了避免這樣的狀況，**建議用「不干涉，純粹想要共享活動行程」的態度與孩子溝通，更容易獲得本人的理解。**若擔心時間太晚，可以像這樣說：「**如果時間超過〇點，要讓媽媽（爸爸）可以聯絡到你喔！**」目送孩子出門時，也請表現得開朗，為孩子送上一句：「**好好玩喔！**」

狀況

67

多餘無益的發言

你絕對不可以跟那個男生（女生）交往！

←

增進彼此理解的發言

媽媽（爸爸）希望有機會能多了解那個男生（女生）。

反對孩子的戀情，有時會使得孩子更加執著，
建議先展現對交往對象感興趣的態度。

當孩子開始與異性交往時，為人父母免不了會在意交往對象是個什麼樣的人。在聽了孩子的描述或看過照片後，若沒有留下好印象，父母心中可能會產生「這個對象不適合」、「我不希望孩子跟這種人交往」的想法。不過，如果父母直接當著孩子的面說出想法的話，恐怕會傷了孩子的心。

對於覺得不好的對象，父母的思維總容易偏向不願意讓對方靠近自己的寶貝孩子。不過，這樣的做法是一種單方面灌輸價值觀的行為。**請不要只以外表下定論，先展現感興趣的態度**，以「**媽媽（爸爸）希望有機會能多了解那個男生（女生）**」的說法，提議孩子安排你與交往對象見面，或者也可以坦率地詢問孩子：「**那個男生（女生）是個什麼樣的人？**」

即使實際見過面後，還是感到不安時，也請克制住情緒，畢竟孩子有可能因為墜入情網而根本看不清周遭的狀況。父母如果不聽孩子的反對意見，強勢要求孩子與對方分手，也可能只會讓孩子變得更加固執，說什麼也一定要與對方交往。

自由戀愛受到外部威脅時所產生的抵抗行為，屬於一種「心理抗拒」的現象。此現象是指當選擇受到強迫限制時，反而會變得強烈執著於某選擇的狀態。因此，**請先接納孩子的想法及意見，在表示理解之下，保持「不著急、不否定、不強迫」的態度靜觀其變吧！**在這個過程中，再一點一點地傳達父母的意見或許會比較好。

狀況

68



多餘無益的發言

拜託你趕快結婚，過正常的日子！

↓

增進彼此理解的發言

希望你可以過自己想要的人生。

「結婚」不代表就是正常、就是幸福，

讓孩子自己決定自己的人生。

即使這個時代晚婚、未婚一點也不稀奇，有些父母還是會強迫孩子接受「結婚是人生必經之路」、「理所當然要結婚」的傳統價值觀。我本身是獨生女，以前還單身時，父母也對我說過「真擔心妳以後變成孤單老人」之類的話語。

在「最討厭聽到父母說什麼」的問卷調查中，也一定會出現「如果沒看到你結婚，我會死不瞑目」、「希望你趕快結婚，過正常的日子」之類的答案。

不過，現代人的生活方式、工作模式都變得多樣化，何謂「正常」？這時代每三對夫妻便有一對離婚，結了婚不見得就能夠得到幸福，況且人生也沒有所謂的正確答案。正因為如此，才更應該讓孩子決定自己的人生。「**希望你可以過自己想要的人生。**」、「**要不要結婚是你的自由。**」身為父母，或許對孩子這麼說會比較好。

雖然很多人還是會為了鞏固社會地位而建立家庭，畢竟過去確實也曾歷經未成家者就沒有機會升遷的時代。如果認為結婚並守護家庭才是一種幸福，一直以來都是抱持這種信念的人，當然也沒有必要改變想法。不過，**強迫子女接受自己的價值觀，只會帶給子女不必要的壓力。**

另一方面，因為自己的婚姻生活過得不幸福便反對子女結婚，也是父母的雞婆舉動。**子女可以過著有別於父母的人生**，若父母能夠站在子女的立場來思考就太好了。

狀況

69



× 多餘無益的發言

好希望可以早點抱孫子。

←

◎ 增進彼此理解的發言

好好享受自己的人生吧！

懷孕、生育是個敏感問題，也是「孩子的自由」，父母切記不要做任何干預。

這部分也跟結婚一樣，生不生小孩是「孩子的自由」。人們的想法本來就各有不同，有些人可能不喜歡小孩，有些人可能想生小孩卻生不出來，也有些人因為經濟方面的考量而放棄生小孩。由此可見，**生育是非常敏感的問題，即使是父母，也不應該輕易干預。**

「你不生小孩嗎？」看見子女到了適合生育的年紀，有時父母會忍不住開口關心詢問，但有不少例子正是因為這麼一句話，使得親子關係產生裂痕。

據說，現今每五對夫妻便有一對夫妻接受不孕症治療。對於因為接受不孕症治療而身心俱疲，或經濟負擔沉重的夫妻來說，沒有什麼比聽到「好希望可以早點抱孫子」這句話更教人難受。「沒生小孩的人生根本毫無意義可言。」甚至有些父母還說出這種完全否定孩子人生的發言，嚴重時也可能演變成親子關係決裂的狀態。

如果子女本人不渴望擁有小孩，或是即使渴望也生不出小孩的狀況下，父母為了自我滿足而提出要求，只會換來子女的抗拒。孩子的事情就完全交由本人去判斷，父母抱著「希望你好好享受自己的人生」的想法在旁邊守護就好。**當孩子主動來找你商量時，盡量以沉穩的態度與孩子交談。**

對自己的人生有所不滿的父母，特別容易干預孩子的人生。建議父母可以將焦點轉移到如何享受自我的人生樂趣，這麼一來，自然不會再那麼執著於孩子的人生。

# 親子之間維持「適當距離感」的三大重點

以下是透過諮詢工作得到的心得，我發現「讓孩子獨立的過程」是否用對方式，將會大大影響親子雙方的未來人生。

舉例來說，我曾經接受過一位母親的諮詢，這位母親的孩子已經離家獨立生活，但為了避免孩子上大學遲到，母親每天早上都會打電話叫孩子起床。儘管如此，孩子還是經常遲到，讓這位母親為此感到煩惱。

遇到這種狀況，父母若是持續插手，往往會導致問題惡化。事實上，依據我諮詢過的很多例子，當父母不再每天早上打電話後，孩子反而不會再遲到。類似打電話叫孩子起床的舉動還有很多，即使親子分隔兩地，父母還是會阻礙孩子精神上的「自立」。

身為父母，可以光明正大地拿出「因為太擔心孩子」的說法來解釋自己的行為，但該行為的原動力其實多半來自於父母的「寂寞感」。比起插手干涉，選擇不插手干涉而默默

守護，反而是需要忍耐克服的考驗，這點也可套用於孩子成長期的任何階段。

為了與已成年的子女維持「適當距離感」，必須遵守三大重要原則：

①**【不干預】**可以讓孩子知道即使分隔兩地，還是會惦記著孩子，萬一出什麼狀況也會給予支援。但不要凡事干預，像是孩子根本沒有開口要求便主動採取行動，或是預先設想而做好準備。

②**【不讓孩子擔心】**不要因為小事就緊張兮兮，讓孩子知道父母樂在享受自己的生活，進而得以專注於子女自己的生活。

③**【建立新的人際關係】**孩子為了融入新生活而努力時，父母不要強勢踏進孩子的新環境，應該投注心力為自己也尋找新環境。

即使分隔兩地，親子關係也不會因此結束，只是型態有了改變。我相信父母心中難免會有所困惑，但還是必須努力摸索出新形態。這時，就要看父母本身能不能樂在生活，因為**「父母樂在自己的人生」是讓孩子能夠安心離巢的必要條件。**

# 第7章 意見、想法

在陪伴子女成長時，父母糾正子女或傳達自己的價值觀和想法是非常重要的動作。不過，如果是單方面地強迫子女，將會剝奪子女的自主性，因此有必要好好斟酌如何在當中取得平衡。

親子是完全不同的個體，難免會有意見不合而起衝突的時候。遇到這種狀況，父母該做的不是避免摩擦，而是應該誠摯地面對子女，展現願意互相溝通的態度，進而慢慢建立彼此的信賴關係。不要認為既然是親子，就一定能夠互相理解，請隨時提醒自己，正因為是親子，才更需要好好地反覆交談。

從事諮詢工作，讓我感受到如果父母不肯承認孩子已經長大，總是過度保護、過度干涉的狀況下，親子之間經常會出狀況。我還發現如果沒有在對的時間放手讓孩子獨立，有可能導致親子關係變得搖搖欲墜。「教育子女也是在教育父母」——育兒是父母可以隨著孩子的成長，自身也獲得成長的絕佳機會。如果孩子已經到了可以自己做判斷的年紀，或許只需要偶爾聯絡，讓彼此可以共享

他們兩個今天吵了起來
再請媽媽看一下孩子的狀況
臭臉
下課啦
你做了什麼？媽媽不會生氣，你說給我聽聽看，嗯？
壓迫感
輕輕觸碰
看你想說什麼，先說給媽媽聽聽看好嗎？
快說！聽到沒！
你什麼都不說，誰知道發生什麼事？
說法真的很重要呢～
嗯、嗯
就是啊……
吞吞吐吐

狀況 70

✕ 多餘無益的發言

媽媽（爸爸）幫你跟老師說。

←

◎ 增進彼此理解的發言

你可以自己跟老師說明清楚嗎？

出狀況是體驗如何「解決問題」的成長機會，

先聽孩子說明狀況，再一起討論。

身為父母的你，聽到孩子告知在學校出狀況時，是不是也曾經搶著當主角，認為自己必須設法解決問題？「你什麼都不用做沒關係。」、「媽媽（爸爸）幫你跟老師說。」即使孩子已經到了國中或高中的年紀，父母還是會這麼告訴孩子，並主動介入的例子十分常見。

父母的這般行為或許是出自於責任感，一心想要幫助孩子排除困擾，但如果愛管事過了頭，只會是一種過度干涉。**出狀況或遇到困難時，其實也是孩子學習自己克服難關，設法解決問題的成長機會。**就應對順序來說，**第一個動作應該先向孩子確認狀況，聆聽孩子說明事由。**

依狀況內容或嚴重程度不同，如果是孩子本人就能解決的問題，不妨在做好準備隨時能夠給予支援的前提下，以「**我們來想想看要怎麼跟老師說，老師才會明白**」、「**你可以自己跟老師說明清楚嗎？**」的說法與孩子進行討論。假使是孩子因霸凌而受傷等需要父母出面的狀況，「**媽媽（爸爸）打算這樣跟老師說，好不好？**」也請先取得孩子的同意，再著手處理。

如果父母凡事都預先設想並出手處理，孩子長大後，可能成為一個不會自行判斷，也不會自己解決問題、事事依賴別人的大人。有些孩子甚至會因為只嘗到一次失敗，便覺得人生徹底失敗，或是畏懼失敗而不敢採取任何行動。若能讓小失敗或狀況，化為孩子學習解決問題的機會，透過與父母商量、面對問題和練習應對，進而累積「成功體驗」獲得成長，孩子會變得越來越堅強。

狀況

71

多餘無益的發言

我不會生氣，你說來聽聽看。

增進彼此理解的發言

你願意說什麼，都可以先說給媽媽（爸爸）聽聽看。

「附帶條件」的要求或強迫會使得孩子難以啟口，

展現願意接受的態度，耐心等待孩子開口。

不想讓父母擔心、不想挨罵、不想被問東問西……孩子經常會因為這類考量，在出狀況或遇到問題時，不願意坦率說出口。父母也會因為越想越擔心而忍不住想要逼問孩子，這時如果沒有採用孩子較能接受的問話方式，將會帶來反效果。「媽媽（爸爸）不會生氣，你說來聽聽看。」很多父母一開始會這麼說，但聽到出乎預料的內容時，還是有可能無法冷靜面對。

此外，越習慣這麼問話的父母，越容易變得情緒化，有時可能會因為孩子反駁一句「你不是說不會生氣」而起口角。還有像是「答應媽媽（爸爸）你不會隱瞞任何事」的強迫說法，或是「不可以說謊喔」、「快跟我說，媽媽（爸爸）絕對不會說出去」之類的「附帶條件要求」，也都是施壓行為。

反過來，如果採用**「你願意說什麼，都可以先說給媽媽（爸爸）聽聽看」**、**「我會好好聽你說話」**的問話方式，**展現願意接受的態度，孩子會比較容易開口。**有些父母會強調「你儘管說沒關係」，但「儘管說」涵蓋範圍太廣、難以聚焦，孩子有可能反而什麼也說不出口。

我在提供諮詢服務時，有時會事先被告知：「等一下安排來諮詢的那個人可能什麼都不會說。」即便面對這樣的對象，也只要先說一句「看你願意說什麼，都可以分享給我聽」，並且在對方一直保持沉默時也耐心等待，對方最後一定會開口說話。**對方一旦開口說話，請避免無謂的插嘴行為。若是打斷對方說話，會使得對方無法繼續順利表達，所以請徹底扮演好「聽眾」的角色。**

狀況

72

◎ 增進彼此理解的發言

盡情享受你的人生吧！

←

✕ 多餘無益的發言

只要你過得開心，我怎樣都無所謂。

「挾恩圖報」的話語會讓人產生罪惡感，
直率地爲孩子祈求幸福就好。

父母總是習慣以孩子為優先，而把自己擺到後面。當中想必也有人為了維持家計而不敢亂花錢，也捨不得去做自己想做的事，一心想著「只要孩子能夠過得幸福就好」。不過，就算內心覺得自己以孩子優先、甚至勝於愛自己，也請避免對孩子說出挾恩圖報的話語。**「盡情享受你的人生吧！」父母只需要直率地這麼告訴孩子，孩子自然能夠為了自己而自由過活。**

我的諮詢對象當中，很多人因為聽到「只要你過得開心，媽媽（爸爸）怎樣都無所謂」、「哪怕媽媽（爸爸）過得不幸福，你也要幸福過日子」這類的話語，而對父母抱有罪惡感。當中也有人會被「父母若過得不幸福，我也不能擁有幸福」的想法束縛，而下意識地朝向「痛苦」的方向，而不是「開心」的方向做選擇。

舉例來說，有些原本已經離家獨立生活的子女，在聽到住在鄉下的母親說出「只要你過得幸福，媽媽怎樣都無所謂」的落寞話語後，選擇辭去工作返回老家。如果子女心中抱著「一直以來父母總是為了我而犧牲自我」的想法，將會形成子女也要為了父母犧牲的「相依相存關係」。

如果真心希望孩子得到幸福的話，請不要拿自己來談判，建議直率地表達想法：「**沒有什麼比看見你生活過得充實，更讓媽媽感到開心了。**」

狀況

73

多餘無益的發言

不行！你還不到可以玩電動遊戲的年紀。

←

增進彼此理解的發言

我們來討論一下如果玩電動遊戲，應該要有什麼規定？

互相討論溝通，不要單方面地抑制孩子。
一旦定下「規定事項」，父母也必須徹底遵守。

電動遊戲、智慧手機等問題是很多現代父母會有的煩惱之一，孩子可能會吵著要買電動遊戲或智慧手機，或是購買後因為使用上的問題而與父母起爭執。被稱為數位原住民的Z世代孩子，對於電動遊戲或智慧手機，總容易有強烈的渴望。

在類比時代長大的父母當中，有些父母會執著於「小孩子不需要智慧手機」、「不可以讓小孩子玩電動遊戲」的自我價值觀而堅持拒絕，連讓孩子發表意見的機會都沒有。雖然父母為孩子管理生活的重要性不言而喻，不過，如果父母單方面地強迫或壓抑孩子，孩子會覺得「父母完全不懂我的心情」，形成親子衝突的導火線，甚至孩子也會開始反抗。

如果認為孩子還不到可以擁有電動遊戲或智慧手機的年紀，也請父母先詢問孩子「想要擁有的原因」。或許孩子是基於想要加入朋友們的聊天社群、想與朋友一起玩線上遊戲等交友方面的考量，才會想要擁有也說不定。即便如此，**若父母還是做出不購買的判斷時，建議以孩子可接受的說法解釋不購買的原因，並且記得與孩子討論，到了幾歲就可以解禁購買。**

**當父母決定購買時，請務必與孩子一起討論「規定事項」**，包括未遵守規定時的處置方式。一旦定下規定事項之後，請務必堅持遵守規定。此外，為了避免造成爭執以及預防孩子玩上癮，也必須採取使用時間限制等防範措施。

狀況

74

多餘無益的發言

媽媽（爸爸）都是爲了你著想，才會這麼說。

←

增進彼此理解的發言

媽媽（爸爸）覺得這樣比較好。

「爲你著想」的說法其實是爲自己著想，
不要把「行動」和「想法」混在一起溝通。

不論何種狀況，所謂的「為你著想」都是為自己著想，乍聽之下像是展現善意，事實上是想要逼迫對方接受要求的行為表現。除了「為你著想」是自我滿足的話語，「我說的話或許不中聽」、「其實我真的不想說這種話」等說法也一樣，都是想要控制、操縱對方時會出現的說詞。

如果孩子年紀還小，往往無法抗拒父母，一旦無法達到父母的期望時就會產生罪惡感，或是覺得自己沒出息，最後漸漸失去自信。不論孩子還是學生或已經出社會，父母會說出「為你著想」這句話的例子，幾乎都是顧慮到父母自己的面子或世俗眼光。

依我的親身體驗，可以給大家一個忠告，採用「**媽媽（爸爸）以前是這樣的經驗**」的說法會比較具有說服力。**想要表達想法時，請先從「具體事實」切入話題，聆聽孩子說話時，也請先聆聽「對方的心情」**。如果能夠做到這兩點，以「**媽媽（爸爸）覺得這樣比較好**」的說法來傳達自我意見，親子之間就不容易產生誤解。

孩子面臨就業、結婚等人生重大抉擇時，如果父母就像拿繩子勒住孩子脖子似的，以「為你著想」的說法干涉、操縱，容易導致爭執。當孩子事後發覺原來自己受到父母操縱，「事情跟我原本想的差太多！」可能會產生反彈或情緒出狀況。未來的路不是讓孩子按照安排走，而是讓孩子依自己選擇，父母的支持可化為引導孩子走向幸福的力量。

狀況

75

× 多餘無益的發言

說來說去，你到底想說什麼？

← 

◎ 增進彼此理解的發言

你最想表達的意思是這樣沒錯嗎？

不要打斷孩子想要表達什麼的心情，
哪怕只是在旁附和也無妨。

小學階段前的孩子，因為言語表達想法的能力還不足，說話變得冗長或不得要領，可說是常見的事情。「你到底想說什麼？」、「你可不可以講快一點？」父母不可能每次都有耐心慢慢聆聽孩子說話，難免會有不耐煩，甚至懶得聽的時候。讀者當中，肯定也有不少人有過這樣的經驗。

不過，當孩子試圖傳達什麼時，如果冷漠打斷孩子的這份心情，會使得孩子對於向他人表達想法這件事心生排斥。孩子也可能會急著把話說完，導致越說越模糊不清。

**如果父母在當下實在沒時間的話，也請顧及孩子的心情，貼心地告訴孩子：「晚一點再好好聽你說。」**假設孩子只是在閒聊時，哪怕沒有認真聆聽，也要附和說：「嗯、嗯，這樣啊。」或是重複一遍孩子所說的話。光是如此，孩子就能夠感受到父母願意聆聽自己說話的心意。

想要確認孩子想要表達的重點時，建議試著揣測孩子的想法，並以「**你最想表達的意思是這樣沒錯嗎？**」、「**你剛剛說的是這樣的意思沒錯吧？**」的問法，**協助孩子將重點化為言語**，或是「**你可不可以把剛剛說的內容說明得更簡單一點？**」如果能夠**發揮耐心地詢問引導，孩子將可藉此機會練習如何說話才可以有效傳達想法。**孩子願意積極向父母攀談的期間稍縱即逝，父母若能把握這段期間，好好享受親子交談的樂趣就太好了。

狀況

76

多餘無益的發言

大家都會這麼做。

←

增進彼此理解的發言

媽媽（爸爸）希望你可以這麼做。

「一般論」的說法不具有說服力，
以個人來看待孩子，並坦率表達想法。

若父母對自己的意見過度自信時，就會直接對孩子說：「媽媽（爸爸）希望你可以這麼做。」然而，現實中很多人不敢把話說得這麼篤定，較常見的例子都是採用「大家都～」、「通常～」、「世上普遍～」的說法讓自己的發言化為「一般論」，藉此正當化自己的主觀意見。也就是說，「一般論」不是為了對方著想的說法，而是在希望對方接受自己的要求時會採用的典型說法。

舉辦研修活動時，我會請參加者先寫出以「大家」為主語的文章，最後把「大家」這個主詞全部置換成「我」。經過置換主詞之後，大家才驚覺到原來「大家都很喜歡」、「大家都會做〇〇」等句子全是「我」的意識表現。

對待孩子時也是一樣，當父母採用「大家都會這麼做」的一般說法提出要求時，其實背後是來自父母自身的期望。對孩子本人來說，別人怎麼做跟他一點關係也沒有。這類一般論的說法反而會讓孩子覺得父母認為別人比較優秀而產生不信任感，或覺得父母認為他做錯而感受到壓力，最後變得無法坦率地照父母的說法去做。

**想表達想法時，請父母以「我訊息」，如「媽媽（爸爸）希望你可以這麼做」的說法來表達。**比起拿出「看不見的不特定多數」來談判，針對「孩子個人」而設想的話語更能讓孩子坦率接受。

狀況

77

多餘無益的發言

失敗或挫折都是很好的經驗。

孩子未能獲得期望的結果而沮喪失意

增進彼此理解的發言

媽媽（爸爸）知道你付出過努力。



必須在接納孩子的心情和結果之下給予鼓勵，否則只會帶來反效果，記得先貼近孩子的心情。

不分好壞，成長過程中遇到的失敗或挫折經驗，都會對孩子造成莫大的影響。若能從消極經驗中獲得學習，想必可為成長帶來助力。不過，當陷入失意漩渦時，恐怕很難在當下以正面的角度來看待負面經驗。這時如果對孩子做出「失敗或挫折都是很好的經驗」這種事不關己的發言，只會讓孩子更加受傷。

「你就是不夠努力才會這樣！」、「要更努力一點！」有些父母會抱著激勵孩子的想法做出這類發言，聽起來沒有先接納結果以及孩子的心情，說再多也無法讓孩子提起勁繼續往前走。

**不論結果為何，都請先認同孩子在整個過程中的努力。「媽媽（爸爸）知道你付出過的努力。」「你一直以來都很努力。」**請像這樣**貼近孩子的心情，並避免牽強給予鼓勵或強迫孩子反省。**

舉例來說，當孩子落榜時，如果對他說出「下次再努力就好了」、「只要更努力就一定考得上」之類的話語，反而會形成無謂的壓力而造成反效果。或是「你哪裡沒做好？」像這樣追究原因卻沒有展現接納結果的態度，孩子也會覺得自己受到譴責。

**父母不是孩子的敵人，而是最有力的盟友。**有些孩子失敗時會覺得對不起父母而自責，這時父母應認同過程說：**「你的努力不會白費。」**、**「這次的結果並不代表一切。」**這麼一來，孩子自然會產生「我要繼續努力」的想法。

狀況

78

多餘無益的發言

沒辦法，你自己也有錯。

←

增進彼此理解的發言

你覺得要怎麼表達才能讓朋友明白？

沒有什麼事情非黑即白，

了解「狀況」後，一起討論下一步該怎麼做。

對於孩子在交友方面發生的爭執，父母往往難以掌握實際狀況。因此，有時父母會妄下結論說：「沒辦法，你自己也有錯。」然後自以為是的訓誡孩子。其實多數狀況，事情並不是非黑即白，雖然孩子本身有錯的可能性也是存在的，不過，若是只強調這部分，會使得孩子更加受傷。

**與其譴責「過去」或追問原因，不如多運用將焦點放在「未來」的話語，孩子比較容易坦率回答。**親子之間的爭執，大多起因於瑣碎小事造成的誤解，若在了解狀況後，認為是可接受的情況，更能夠與孩子一起討論如何解決。

**「你覺得要說些什麼才能讓朋友明白你的心情？」、「你其實沒有那個意思，對吧？如果可以把你現在的心情告訴朋友就太好了。」當孩子不知道該怎麼辦而煩惱時，請主動給予孩子建議，引導孩子如何採取接下來的行動。**

「人們的煩惱有九成來自於人際關係」，即使長大成人，也逃不過人際關係的爭執糾紛。為了讓孩子最終能夠學會自己解決問題，爭執也是學習如何應對人際關係的機會。倘若爭執的原因是孩子做出以言語或暴力傷及對方的行為，當然有必要反省，也必須向對方道歉。

遇到這種狀況，建議父母盡量引導孩子學會不執著「過去」，而把焦點放在「未來」的行動。

狀況

79

多餘無益的發言

你之前說的明明不是這麼回事，這樣要怎麼相信你說的話？

←

增進彼此理解的發言

你改變想法了，對吧？

主張或想法如同流動的河水般不停變動，請確認孩子「當下」的想法。

任誰都有可能想要放棄原本已經做好的決定，或突然改變想法、主張、心情。在提供諮詢服務或舉辦研修活動時，我也經常對大家說：「請提醒自己，**人們的想法會像流動的河水般不停變動。**」

說起來，不管是自我主張、想法，因事後得到某些資訊，或與他人交談而受到影響，變得具有流動性也是很自然的現象。即便只是短短一小時的會議，也經常出現剛開始討論時的意見，在經過與他人議論後，變成不同意見的狀況。

孩子尤其容易舉棋不定而遲遲無法持有明確的自我想法和主張，因此他們說的話也經常變來變去。「你之前說的明明不是這麼回事，這樣要怎麼相信你說的話？」、「你沒說謊嗎？」、「快說實話！」如果孩子每次都因此遭到質疑，將會變得不敢說出想說的話。

「**你改變想法了，對吧？**」、「**這跟你上次的說法不同，發生什麼事了嗎？**」**既然已經改變，不妨就接收改變的事實，並向孩子確認原因即可。**如果孩子因為得不到認同而變得害怕改變，將會無法自在行動。

一旦執著於自己的價值觀，或是想法被束縛住，長大之後可能也會要求他人必須如此，導致人際關係受到不良影響。**父母只要主動確認孩子「當下」的主張或想法，孩子自然就能夠安心地向他人表達想法。**

狀況

## 80

✕ 多餘無益的發言

媽媽（爸爸）很擔心你會做不到。

←

◎ 增進彼此理解的發言

希望你可以樂在其中。

不要剝奪孩子的「成長機會」，
請父母在一旁「守護」，給予支持力量。

孩子準備挑戰新事物時，如果對孩子說「媽媽（爸爸）很擔心你會做不到」，**表現出過度不安或擔心的情緒會削減孩子的幹勁，其實也是在阻礙孩子成長。**這類父母的深層心理多隱藏著「希望孩子永遠不要長大」的欲望。

出國旅行、一個人住、就業、轉換跑道、結婚……在孩子決定做某件事時，父母說出：「出國旅行（一個人住）太危險了」、「媽媽（爸爸）很擔心你選那間公司（那個對象）會得不到幸福」之類的發言也是同樣的心理。父母之所以會使用「擔心」這個方便的字眼，是因為內心藏有想要控制孩子的欲望，或是害怕孩子擺脫自己的照顧、離巢而去的恐懼。

如果父母沒有放手讓孩子獨立，孩子將永遠無法自立。新的抉擇或挑戰不僅是成長機會，也是孩子可以活出自我的必要階段。

多數人都有「比起改變，寧願追求穩定」的傾向，**孩子能有勇氣朝向新事物邁進的表現，其實反而值得鼓勵。**「**希望你可以樂在其中。**」、「**如果發生什麼事，隨時跟媽媽（爸爸）說喔！**」父母只需要這麼告訴孩子，給予支持力量便已足夠。

**如果經常限制孩子的行動，孩子的世界會變得狹小，也會害怕改變，無法擺脫偏頗的想法。**一旦受到父母影響，被灌輸的觀念將會難以揮去。**為了孩子的幸福，請不要剝奪改變的機會。**

狀況

81

多餘無益的發言

等你以後爲人父母時，就知道了。

←

增進彼此理解的發言

如果將來你也能體會做父母的心情，我會覺得很欣慰。

強迫孩子認同父母的「可貴」是毫無意義的，
不妨坦率地向孩子表達心情。

關於飲食均衡、生活習慣等方面，父母總是會為子女著想，不惜說破嘴也要叮嚀。父母擔心孩子一天到晚玩電動遊戲或手機的心情；父母看見孩子不讀書而感到不安、不滿……因為這些原因而嘮叨的舉動多是出自於「愛」。

當看見孩子無法體會父母心，甚至心生不滿時，應該如何表達才能讓孩子明白自己的苦心呢？**「如果你能體會媽媽（爸爸）的心情，我會覺得很欣慰。」只要像這樣以「我訊息」表達出來，孩子就會比較能夠坦率接受。**父母若能把「對電動遊戲的看法」、「希望孩子為了健康而做到的事項」，以明確的意見表達出來，相信孩子也會比較容易理解。

然而，很多父母並不會表達心情或說明原因，只會對孩子說：「等你以後為人父母時，就知道了。」這樣的說法純粹是一種強迫行為，等同是在要求孩子說：「你要珍惜父母的可貴。」「等你年紀到了就會知道」、「你根本不懂父母的辛勞」、「不孝順的孩子會遭天譴」等說法也是抓住孩子在經驗和年齡上永遠不可能超越父母的弱勢，試圖讓孩子認同父母的舉動。

社會人士也會有一樣的舉動，想要展現自己處於優勢的人總容易做出「等你再工作十年就會知道」、「等你也當主管時就會知道」等發言。這些發言會讓聽者覺得說者的好意更像是指責，而聽不進耳裡。**表達想法時，建議以無條件且對等的立場來表達，才比較容易傳進對方的心裡。**

狀況

82

多餘無益的發言

果然少了媽媽（爸爸），你自己就做不好。

←

增進彼此理解的發言

如果需要幫忙，記得隨時跟我說！

不要阻礙孩子的「自主性」行動，
只要告知父母可以「即刻支援」，先讓孩子自己設法解決。

孩子開始想要獨力完成自己做得到的事情，不想事事依賴父母的時期勢必會到來。首先，孩子可能會學習做家事、買東西或是搭捷運。再成長一段時間後，孩子會開始自己製作文件、打工，或是買喜歡的東西。這時，父母的最佳應對方式就是告訴孩子「**如果需要幫忙，記得隨時跟媽媽（爸爸）說一聲**」、「**遇到困難的時候，記得隨時找媽媽（爸爸）商量**」，然後交給孩子自己去做。

如果父母從孩子幼小時便習慣什麼事情都幫孩子處理的話，孩子也會變得依賴父母，無法得到自己嘗試的機會。在這樣的狀況下，萬一孩子在少之又少的嘗試機會時不幸失敗，父母甚至會試圖拴住孩子，說出阻礙他們學習獨立的話：「果然少了媽媽（爸爸），你自己就做不好。」這樣的例子並不少見，不少父母對自己的舉動毫無自覺。

有時我會遇到因為結不了婚而煩惱的諮詢對象，發現在這些成年子女當中，有些父母具有阻礙孩子自主的強烈傾向。**凡事在父母主導下長大的人會被限制行動、被剝奪自主思考的機會，不論做什麼都會很在意父母的想法**。這麼一來，長大後也會變得無法過自己的人生。

反之，會主動採取行動，並克服失敗挫折的人，多半父母是不會從小管東管西，而是讓孩子有機會面對各種挑戰。**父母只需要在一旁給予支持，告訴孩子隨時可以提供支援，孩子就能安心做出決定、採取行動，並學會解決問題。**

狀況

83

多餘無益的發言

都是因爲你，害媽媽（爸爸）不能做自己想做的事。

↓

增進彼此理解的發言

雖然媽媽（爸爸）很想那麼做，可惜自己不夠果決。

父母的不幸並非孩子的責任，應該勇於坦承自己不夠果決。

父母因爲不能做自己想做的事而感到懊悔

詢問討厭聽到父母說什麼話時，我經常得到「其實媽媽（爸爸）很想離婚，都是為了你才忍耐」、「要不是因為你，媽媽（爸爸）可以挑戰更多工作」的答案。聽到這些話的孩子們，內心說不定也會埋怨「既然你們感情那麼差，早點離婚不就好了」、「我又沒有拜託你不要工作！」

**如果父母把人生中的憾事怪罪到孩子頭上，會讓孩子覺得「當初去做自己喜歡的事情不就好了，何必事到如今才說這種話」而感到厭煩，甚至有可能心生憎恨。**前來諮商、傾訴心靈受創的大人當中，有不少人因為父母怪罪他是造成不幸的原因，而像受到詛咒般痛苦不堪。

「理所當然應該為了孩子，放棄自己想做的事情。」身邊抱有這種想法的父母並不罕見。每個人都可以各自決定人生中應該以什麼為優先，因此即便後悔地心想「我的人生不應如此」，也只能怪自己不夠果決，這時或許老實說出「**雖然媽媽（爸爸）很想那麼做，可惜自己不夠果決**」會比較好。

**人生是自己的一連串選擇。如果有自己想做的事情，請不要把沒做到的責任推到孩子頭上，不妨從可以做的事情開始做起吧！**

只要展現出「媽媽（爸爸）希望你重視自己的想法去過生活」的態度，相信孩子也會表示支持地說：「**從現在開始也不遲，我希望媽媽（爸爸）也去做自己想做的事。**」

# 第8章 與父母的溝通

父母也好，子女也好，都會隨著年紀增加而關係改變。在提供諮詢服務時，總會聽到一些育兒上的擔憂，但在另一方面，也有不少人為了與年邁父母之間的關係而煩惱。「我總會忍不住對爸媽口出惡言。」、「我很後悔自己對爸媽的態度太冷漠。」從社會人士的口中，經常聽到這類發言，而且自身與父母的關係也可能對子女造成影響。

隨著年齡增長，彼此會變得堅持己見而不知變通，也可能會變得任性。畢竟對父母來說，子女永遠是長不大的小孩，依個性不同，有些父母甚至在子女已經長大成人之後，仍然會過度介入子女的人生。

維持穩定親子關係的祕訣在於彼此互相尊重，並且保有「適當的距離」。如果距離太近難以和睦相處，那就減少見面的次數，或事前不找父母商量，改成事後再報告等方式，讓雙方維持在恰到好處的參與度。除此之外，確實傳達自我想法，並捍衛自己的生活也很重要。親子若能互相尊重，彼此就可以好好享受各自的人生。

什麼？媽媽，您開始學跳舞？
呵呵呵
對啊～有朋友約我一起去。
拜託～
您也不想想自己幾歲了？
萬一受傷了那怎麼辦？
咦……
感覺滿健康的
不錯啊，好好享受，但不要太勉強喔！
謝謝！
奶奶我會長命百歲的
拜託啦～
笑容燦爛

狀況

84



多餘無益的發言

又來？我上次不是說過了？

增進彼此理解的發言

我之前好像沒有表達得很清楚，我再說一遍喔！

不要把「事實」和「情感」混在一起表達，
善用可留下互動紀錄的聯絡方式。

在親子關係的互動過程中，不少人會毫不留情地說出使對方傷心的話語。你通常會以什麼樣的說話態度與自己的父母相處呢？

「我都快說破嘴了，爸媽還是不明白。」、「他們會一直反覆說同一件事情。」不管是誰，多少都會對父母抱有這類煩惱。畢竟老人家年紀大了，就容易忘東忘西，所以會有很多難以避免的狀況。「我上次不是說過了？」、「您要我說多少遍？」、「拜託您適可而止！」明知如此，卻還是會這麼責怪父母，同時也無法改善問題。

雖然依父母的個性或環境不同，必須有不同的應對方式，但遇到無法順利表達意思的狀況時，懂得發揮耐心與父母相處也很重要。**「我之前好像沒有表達得很清楚，我再說一遍喔！」**、**「我寫下來好了，這樣您才不會忘記。」**只要這麼說，父母就會比較容易聽進心裡，也會表示理解。

**促使溝通順暢的訣竅在於，不要把事實和情感混在一起。**「為什麼我說了那麼多遍，您還是不明白？」避免像這樣的情緒發言，**請針對事實以簡單易懂的說法，口氣平穩地表達出來。**

遇到父母反覆提出相同問題的狀況時，建議可以定出規則，比方說「每週固定在星期幾的什麼時間互相聯絡」、「每月透過聊天軟體或電子信件報告近況一次」等等。**當發覺自己快要情緒失控時，不妨刻意隔開一段時間，等彼此可以保有從容心態時，再進行交談，比較能夠保持冷靜。**

狀況

85

多餘無益的發言

您也不想想自己幾歲了？

←

增進彼此理解的發言

好好享受，但不要太勉強喔！

只要不會伴隨危險或風險，請支持父母想做的事情，讓父母拓展自己的世界。

如同「讓孩子決定自己人生」的道理，父母的人生也是屬於父母所有。**當父母表示想要挑戰什麼新事物時，即便年事已高，也請給予支持而不要阻礙。**「您也不想想自己幾歲了？」、「您都年紀一大把了，拜託不要鬧出事情」、「拜託您不要亂花錢」有些子女會忍不住像這樣提出反對意見。但是父母的世界若因此變得狹窄，最終負擔還是會落在身為子女（你）的肩上。

假使父母想要嘗試的新事物是爬山、出國旅行等挑戰體力的活動，當然有必要互相溝通以降低風險，並做好可提供支援的準備。不過，**如果是以其他理由來削減長輩的熱情和好奇心，父母有可能會因此失去「生存意義」。**

即使已經上了年紀，還是可以盡情做自己想做的事，像是享受嗜好樂趣、挑戰資格考試或積極參與公益活動等等。這類型的長輩很多都擁有廣大的人脈，身體也十分健朗。只要拓展出全新的世界，父母也會擁有更多歸屬。**「好好享受，但不要太勉強喔！」如果子女能夠像這樣爽朗地從背後推父母一把，想必父母就能安心地付諸行動。**

此外，不僅是興趣嗜好，結婚也一樣。當恢復單身的父母某一方決定再婚時，子女若能給予祝福就太好了。畢竟現在是百歲人生的時代，期許大家能夠尊重父母的想法，抱著一顆從容的心，守護父母度過沒有遺憾的人生。

狀況

86

多餘無益的發言

拜託您不要每件事都要管！

增進彼此理解的發言

我已經決定要這麼做，先跟您報備一聲喔。



若見到子女來商量，父母就會忍不住想插嘴干涉的話，建議事後再告知父母。

面對越愛嘮叨的父母，子女就會越想要頂撞。即使已經是個成熟大人，想必還是會有想要頂撞父母的時候。雖然頂撞或反抗是為了保護自我心靈、出自於防衛本能的行為，但聽在父母的耳裡，只會覺得是負面訊息。

「拜託您不要每件事都要管！」、「拜託您不要妄下結論！」這些也是反抗性的話語，說出口只會讓聽者感到不悅。聽了反抗話語後，父母頂多只會抱著「這孩子真固執，講再多遍也講不聽」、「這孩子還是跟以前一樣，說什麼也不肯聽」的想法。若想要停止這類無意義的你來我往，不妨以報告的形式對父母說：「我已經決定要這麼做，先跟您報備一聲喔。」說話時，請提醒自己保持平穩的語氣。

聽到成年子女有煩惱，或是子女在做出某決定之前跑來商量，父母出於好意，還是會忍不住想要插嘴干涉。既然**想要尋求父母的意見，請做好父母可能會插嘴干涉的心理準備，再去找父母商量。**如果是針對育兒問題或打算花大錢購置物品，**希望父母給予建議時，可選擇用商量的方式；如果只是希望取得父母的理解，不妨選擇事後再向父母報告。**

一個會因為父母干涉而煩惱的人，有可能其實是自己內心很依賴父母。有時就算沒有要找父母商量的意思，也可能在與父母交談之中不自覺地提出來，或本來只是想找父母閒聊，最後卻變成跟父母商量詢問。大家不妨試著回想看看，自己是否會在無意間尋求父母的意見？

狀況

87

不用您說，我也知道！

多餘無益的發言

如果您能夠明白我的心情，那就太開心了。

增進彼此理解的發言

採取反抗態度會帶來反效果，
坦率說出來，希望父母能夠明白你的心情。

試圖讓子女、孫子女如自己所願地行動，結果嘮叨起來就停不下來，沒完沒了……很多人被這樣的父母傷透腦筋。在沒有多餘心力聆聽父母的說詞時，也可能會不耐煩地對父母說：「不用您說，我也知道！」、「我已經聽到耳朵快長繭了！」不過，負面情感的你來我往是百害而無一利。不耐煩的話語可能會換來父母的一句話：「你根本什麼都不懂」，使得彼此更加無法互相理解。

不要反抗父母，也不要覺得囉嗦而冷漠對待父母，**請選擇以「謝謝您為我擔心。我也很認真在思考〇〇事，希望您能夠諒解」的說法，先接納父母的關心，再表達自己希望父母認同的心情。**

「不要擔心啦。」有時或許會忍不住想要這麼對父母說，但否定父母的心情只會帶來反效果。即使是對父母說：「沒問題的。」也可能會換來「就是有問題才跟你講這麼多」的反駁話語。

不過，有時候「只要好好說明就會理解」的這個方式並不管用，提供父母越多資訊，反而增加越多讓他們擔心的事情。

萬一父母的過度干涉真的讓你很困擾，建議可以嘗試一些比較不會刺激父母的相處方式。比方說，除非是重要事件，就不用特別多講，或是刻意讓父母無法看到社群內容等方式。

狀況

88

✕ 多餘無益的發言

反正不管我打算做什麼，您一定會反對！

← 

◎ 增進彼此理解的發言

每次都被反對，我真的覺得很痛苦，也很難過。

責怪或批評父母，並無法讓事情好轉，

請反覆傳達自己的心情。

愛操心的父母每每遇到狀況時，總會試圖反對。如果老是遭到這樣的對待，子女難免會忍不住想抱怨說：「反正不管我打算做什麼，您一定會反對！」、「不管什麼事您一定會說不行」、「每次都這樣！」這麼一來，雙方就容易起衝突。

但父母是不會輕易主動讓步的，畢竟長年的習慣或個性難以改變。既然如此，子女這方面越是耗費精力說服父母，只會越疲累而已。如果以帶有「都是您不對」意味的「你訊息」來譴責或批評對方，很容易演變成惡言相向的局面。

為了避免發生互相爭吵的情況，不妨把自己的負面情緒直接傳達給對方知道，這會是個有效的做法。**「每次都被反對，我真的覺得很痛苦，也很難過。」、「一直沒有得到您的信任，讓我覺得很受傷。」**請盡可能以「我訊息」來表達情緒。這麼一來，父母也會心想「原來孩子有這樣的感受」而容易接受你的話語。

**「聽到您這麼說，我真的覺得很難過。」、「剛剛那句話真的很傷人。」每當父母表示什麼意見時，請反覆這麼傳達心情，並以溫和的態度表達自己的想法。**請提醒自己不要在這時候任憑情緒宣洩，說出帶有譴責意味的話語。一旦展開負面情緒的你來我往，彼此會變得容易做出衝動性的言行舉止，進而導致關係惡化，切記不要主動踏上互鬥的擂台。

狀況

89

✕ 多餘無益的發言

拜託不要亂買東西！

←

◎ 增進彼此理解的發言

想買新東西時，我們先討論一下再決定要不要買。

在尊重父母想法的前提下，
平常就養成一起討論如何迴避風險的習慣。

隨著年齡增長，父母的判斷能力可能下降，或是行動力變差。子女不安、擔心的情緒也會因此變得越來越強烈。

對於這樣的事實，相信父母自身也感到十分困惑，這時如果單方面地予以譴責或否定，有可能會傷及父母的自尊，惹得父母傷心。當然，對於設想得到的糾紛，像是電話詐騙或專門騙高齡者的金融商品等等，平常就有必要提醒父母小心受騙。不過，若是毫不掩飾不安或不耐煩的情緒，對著父母說：「拜託不要亂買東西！」、「拜託不要自己行動！」未免太殘酷了。

**身為子女，或許會擔心父母造成困擾、不希望父母增添麻煩，但限制行動會讓父母能做的事情越來越少，甚至因此失去活力。請展現尊重的態度，接受父母的心情以及想法。**

如果覺得擔心，不妨反覆對父母說：「**有人來推薦什麼活動時，記得先跟我說一下，不要當下就報名。**」、「**想買新東西時，我們先討論一下再決定要不要買。**」擔心父母在家的行動會導致意外發生或受傷時，也請主動告訴父母：「**您要行動之前，先找我討論一下。**」、「**如果會有危險的事，請不要客氣地跟我說，我可以來幫忙。**」

父母總會有「我還可以自己來」的想法。不過，對下半身使不上力的高齡者來說，哪怕只是換個燈泡，也可能從折疊梯上面摔落而骨折。建議適度提醒父母注意，讓長輩能夠保有危機意識。

狀況

90

多餘無益的發言

以後我可沒辦法照顧您！

←

增進彼此理解的發言

我們可能要討論一下未來的安排。

不要一把推開或冷漠對待父母，
在聆聽父母「意願」的前提下，收集資訊並且彼此交換意見。

父母慢慢步入高齡後，有必要針對看護的問題互相做好溝通。基於工作或住家環境等各種原因，難免會出現子女無法看護父母的狀況。「以後我可沒辦法照顧您！」、「看護這種事情我根本做不來！」、「萬一怎麼了，也只能送您去老人院。」即便是不得已，也應避免這樣告知父母。

父母或許也有自己的想法，若能以「**我們可能要討論一下未來的安排**」、「**您對自己的老後生活有什麼想法？**」等方式，先詢問父母的意見會比較好。**建議事先說出彼此的期望，以及評估現實狀況，做好彼此都能夠接受的溝通，比較不會留下遺憾或罪惡感。**

雖然也有不少人認為「照顧父母是子女應盡的責任」，借助他人力量是一種「不孝」的行為，但如果硬是犧牲自我，有可能演變成兩敗俱傷的局面。有人會為了看護而辭去工作，但在父母離世後，將會陷入失去工作、也失去生存意義的窘境。

父母的意願固然重要，但也請記得顧慮到自己還有很長的一段人生路要走。有時太急於下結論，也可能使得父母不開心，建議利用連假或春假等可以好好溝通的時間點與父母交換意見。**提前交流想法，才能夠在緊要關頭時做出冷靜判斷。**

不只是看護問題，對於遺產繼承事宜或喪禮等等，子女或許都不太願意去想像。儘管如此，還是有必要在不把「事實」和「情感」混在一起的前提下，事先與父母做好溝通。

狀況

91

多餘無益的發言

那都是您自己選擇要過的人生，難道不是嗎？

增進彼此理解的發言

一直以來，您已經盡了最大的努力。

就算冷漠對待，父母也不會停止抱怨，
何不讓父母一吐爲快，並慰勞過去的表現。

「早知道那樣做就好了。」、「早知道這樣做就好了。」人生路上，任誰都會有憾事。有些父母不會在他人面前坦承，卻習慣在子女面前埋怨，像在傾訴不滿情緒似的，表達內心的後悔。

如果只是聽一、兩次，或許還能夠忍受，但如果父母反覆說個不停，子女難免會忍不住想要回嘴說：「那是您自己選擇要過的人生，難道不是嗎？」有些子女可能還會帶著訓誡的意味說：「有時間在這裡抱怨，不如去找找看，有沒有現在想做的事情吧！」

**以父母的角度來說，他們即便對某事感到後悔不已，也不是真的想要子女針對結果表達意見，他們只是想要與子女共享自己一路走來的過程而已。**這時，不妨針對父母的過往經驗或功績表達認同，比方說「**一直以來，您已經盡了最大的努力。**」、「**或許以前做不到某些事，但您不是做過〇〇事，也做過△△事啊！**」

只要能夠一吐為快，並且被人認同，就可以得到淨化心靈的效果。這點不論是父母或子女都一樣。首先，請徹底扮演好「聽眾」的角色，父母想說什麼就讓他們說個痛快。這麼一來，相信父母抱怨同一件事情的機率也會慢慢降低。

若能透過言語整理表達出內心的鬱悶心情，任誰都會因此感到暢快。**不要選擇冷漠對待，請展現共情，慰勞父母一路走來的表現。**

狀況

92

多餘無益的發言

我又不是媽媽（爸爸）的所有物！

←

增進彼此理解的發言

我和媽媽（爸爸）不一樣，希望您可以認同我。

想要改變父母的想法太困難，
盡力表達希望獲得認同的心情，溝通時保持適當的距離感。

父母不願意接受子女與自己有所不同

**即便是親子，人格也不會是相同，而是各自擁有不同人生。**不過，有些父母不這麼認為，他們會覺得自己生下的小孩是自己的所有物。

這麼一來，當孩子抱持與父母不同的意見、想法，或採取有別於父母的行動時，父母就會覺得難以接受。特別是一路以來無法過自我人生的父母，這種傾向更是強烈，他們很容易會把自我投射於子女的人生。

子女會因為希望父母明白自己與父母不同，忍不住想要脫口說：「我又不是媽媽（爸爸）的所有物！」、「即使是親子，也不代表人格相同！」。不過，對於堅信「子女是屬於父母所有」的家長來說，這些發言只會讓他們覺得子女在耍脾氣而已。**「我和媽媽（爸爸）不一樣，希望您可以認同我這個人。」若能像這樣以「我訊息」來傳達想法，相信父母會比較容易聽進心裡。**

德國心理學家弗雷德里克．皮爾斯（Friedrich Salomon Perls），在他發展的「格式塔療法」當中提到下面關於「祈禱」的句子：**「我做好我的事，你做好你的事。我來世上並非為不辜負你的期許；你來世上也非為對得起我的希冀。你是你，我是我。」**

請試著反覆向父母傳達這句話的真意，並在互相保持「適當的距離感」之下說服父母、採取行動。不論父母也好，子女也好，若雙方能夠在彼此尊重之下相處就太好了。

# 結語

在我為形形色色的朋友提供諮詢服務時，有不少傾訴「生存不易」的朋友，會主動提到自己與父母的關係。甚至許多朋友即使已經步入中高年，還是會受到父母一直以來的發言綑綁而無法面對真實的自我，陷入自我否定之中。

這讓我深刻感受到親子關係所帶來的影響力，不僅只是單純的父母與子女的關係，而是會歷經漫長歲月，綿延不絕地左右子女的人生。

為了讓子女培養出「可憑靠自我生存下去的能力」，父母要學習拋開「子女是父母所有物或可掌控對象」的觀念，這是重點所在。有時即使心裡明白不應該如此看待子女，在子女年幼時一切生活皆仰賴父母照顧之下，還是有機會控制子女。對父母而言，子女是灌注寶貴親情的對象，但也是身處在可由大人掌控環境下的存在。

這麼一來，父母很容易在不知不覺中，做出單方面要求子女接受其價值觀的言行舉止，而且在子女成長後，也可能持續不變這樣的應對方式。

雖說是親子，但不用說也知道雙方是不同存在，即使面臨相同遭遇，也不會產生相同想法。我觀察到很多案例的父母會做出強迫子女的不合理舉動，逼問子女：「你為什麼不能跟我有一樣的感受？」甚至還會在毫無自覺之下，把子女逼得無路可退。

當然，父母有必要傳達自己的感受和想法給子女知道，但前提是必須將子女視為獨立個體表示尊重，並以對等的態度與子女相處。

所謂對等的態度，就是同時重視父母本身，也重視子女的相處態度。不應該有某一方忍耐或勉強自己，應該互相接受彼此的不同感受。父母坦率地向子女表達想法，也聆聽子女的想法，在日常生活中，不厭其煩地反覆這樣的過程很重要。

我在生了孩子後，才開始學習諮詢知識。育兒過程中，我一邊學習回應他人的想法，以尊重且對等的態度與對方相處的重要性，一邊面對子女。

有一次，我在孩子小學一年級時參加了教學觀摩活動。當時，我看見走廊上貼出一張張字條，上面寫著「我媽媽是一個○○樣的人」。在寫著「很會煮飯的人」、「溫柔的人」等句子的成排字條中，我發現自己的孩子在字條上寫了「會好好聽我說話的人」。

看到這句話時，我開心極了，也為自己實踐了學習內容而感到慶幸。

父母不可能一直保護子女度過一輩子，我認為育兒的本質應該是教育子女即使沒有父母在一旁發號司令，也能夠滿懷自信與愛，堅強有韌性地生存下去。

只要父母能夠信任子女，子女自然就會自力開拓出人生道路。親子的關係必須靠日常的累積，雙方的互動若能建立在心靈相通的正面訊息上，每天的生活肯定會變得精采豐富。

為了達到這個目標，父母也必須要懂得重視自己。相信只要父母臉上掛著笑容，孩子自然也會展露笑顏。

本書是《換句話說圖鑑》系列的第三本作品，看見這一系列作品受到廣大讀者的支持，我內心充滿感激。期許這次的「親子關係篇」能夠貼近父母的心情，幫助父母排解隨著孩子成長而相繼面臨的擔憂以及困惑情緒。

同時，也期許能夠為大家提供一臂之力，促使斬也斬不斷的親子關係變得更加融洽。希望大家一同來感受，只要稍微改變說法以及累積簡短話語的力量，親子關係就會慢慢變的更美好。

請珍惜自己，也珍惜對方。願本書有助於大家迎向豐富的人生。

大野萌子

family field 親子田 親子田系列 063

# 親子關係，從改變說話方式開始

## 8種常見的教養難題、92個減少衝突的實用句型

よけいなひと言をわかりあえるセリフに変える親子のための言いかえ図鑑

作者 大野萌子Moeko Ono
繪者 MINORI YAMASAKI
譯者 林冠汾
專業審訂 黃之盈（諮商心理師）
語文審訂 彭雅群（資訊傳播碩士）
責任編輯 陳彩蘋
封面設計 張天薪
內文排版 李京蓉
童書行銷 蔡雨庭・張敏莉・張詠涓

出版發行 采實文化事業股份有限公司
業務發行 張世明・林踏欣・林坤蓉・王貞玉
國際版權 劉靜茹
印務採購 曾玉霞
會計行政 許俽瑀・李韶婉・張婕莛
法律顧問 第一國際法律事務所 余淑杏律師
電子信箱 acme@acmebook.com.tw
采實官網 www.acmebook.com.tw
采實臉書 www.facebook.com/acmebook01
采實童書粉絲團 https://www.facebook.com/acmestory/

ISBN 978-626-349-792-4
定價 350元
初版一刷 2024年10月
劃撥帳號 50148859
劃撥戶名 采實文化事業股份有限公司
104 台北市中山區南京東路二段 95號 9樓
電話：02-2511-9798 傳真：02-2571-3298

國家圖書館出版品預行編目(CIP)資料

親子關係,從改變說話方式開始：8種常見的教養難題、92個減少衝突的實用句型 / 大野萌子 著；MINORI YAMASAKI 繪; 林冠汾譯. -- 初版. -- 臺北市：采實文化事業股份有限公司, 2024.10
224面；14.8×21公分. -- (親子田；63)
譯自：よけいなひと言をわかりあえるセリフに変える親子のための言いかえ図鑑
ISBN 978-626-349-792-4(平裝)
1.CST: 親子溝通 2.CST: 親子關係 3.CST: 親職教育
528.2 113012015

**線上讀者回函**

立即掃描 QR Code 或輸入下方網址，連結采實文化線上讀者回函，未來會不定期寄送書訊、活動消息，並有機會免費參加抽獎活動。

https://bit.ly/37oKZEa

采實出版集團 ACME PUBLISHING GROUP